이원석

서평가. 글쓰기의 출발은 서평이라 믿는다. 읽은 내용으로 쓰기 시작하며, 읽은 만큼 쓸 수 있게 되기 때문이다. 서평 쓰기는 글쓰기 인생을 정리해 주는 결절점結節點과 같다고 생각한다. 정기간행물에 실린 첫 글이 바로 서평이었고, 첫 연재도 작가별로 주요 저작을 소개하고 평가한 인물 서평 시리즈였다. 첫 출판 계약도 출판사의 서평 공모 당선작이 된 글이 단초였다. 첫 단행본 『거대한 사기극』을 출간하게 된 것도 해당 출판사 대표가 자신이 쓴 서평에 주목한 덕이었다. 『거대한 사기극』 자체가 총괄적으로 접근한 주제 서평이었다. 운도 따라서 이 책으로 2013년 출판평론상을 받았다. 지금도 여러 온오프라인 지면에 서평을 쓰고 있다. 서평 쓰기가 지적 기초 체력을 유지시키는 근본임을 잊지 않으며, 나아가 서평 쓰기야말로 자신이 지적으로 독립된 존재라는 증명이라고 생각한다. 성숙한 민주주의 사회라면 모두가 읽고 서평을 써야 한다고 굳게 믿기에 서평 쓰기가 우리 사회의 기본 교양이 되기를 바란다. 이를 실현하기 위해 앞으로도 서평 쓰기의 미덕과 효용을 사람들에게 널리 알리려 한다.

서평 쓰는 법

서평 쓰는 법

독서의 완성

이원석 지음

유유

'헬조선'의 중심에서 서평을 쓰다

오늘날 우리는 '헬조선'을 살아가고 있습니다. 도대체 우리가 나아가야 할 길이 보이지 않습니다. 이럴 때 우리는 책을 읽어야 합니다. 책 속에 길이 있다기보다 책을 통해 길을 찾을 안목을 갖게 됩니다. 즉 책을 통해 다른 사람을 이해할 통찰력과 다른 세상을 꿈꾸는 상상력을 얻습니다. 독서로 더 나은 사람이 되고, 더 나은 세상을 만들게 됩니다.

따라서 요즘 같은 때 독서를 강조하는 것은 지극히 당연한 것입니다. 하지만 문제는 잘 읽는 것입니다. 무엇을 읽느냐 이상으로 어떻게 읽느냐가 중요합니다. 많이 읽는 것보다 깊이 읽는 것이 필요합니다.

도대체 어떻게 읽어야 잘 읽을 수 있고, 또 깊이 읽을 수 있을까요? 어떻게 읽어야 책을 내 것으로 만들고, 책을 통해 나를 만들 수 있을까요? 가장 좋은 방법은 읽은 책에 대해 서평을 쓰는 것입니다. 서평이야말로 독서의 심화이고, 나아가 독서의 완성입니다.

제 이야기로 말씀드리겠습니다. 좋은 책과 어려운 책을 만날 때마다 서평을 쓰려고 노력합니다. 좋은 책을 온전히 누리고, 어려운 책을 제대로 풀어내기 위해서입니다. 서평을 쓰는 가운데 책에 대한 이해를 나름의 방식으로 정리하고, 책을 읽는 제 자신을 돌아보게 됩니다.

좋은 책이라면 모름지기 남들과 나눠야 제맛이지요. 독서 모임을 비교적 자주 갖는 편인데 거기에서 다른 분들과 더불어 책에서 얻은 것을 나누려고 할 때에도 역시 서평부터 준비합니다. 이때의 서평은, 말하자면 독서 모임을 위한 대본인 셈입니다.

지금도 제 책상에는 서평을 쓰기 위해 고른 책들이 쌓여 있습니다. 그냥 책을 읽는 것도 물론 좋지만, 서평으로 흔적을 남기는 경우와는 비교하기 어렵습니다. 서평이야말로 제 독서의 결산인 셈입니다. 서평으로 독서가 일단락되는 것이지요.

이 책에서 저는 제가 서평 쓰는 방법을 소개합니다. 물론 서평은 쓰는 이의 개성을 반영합니다. 열 명이 서평을 쓰면, 열 편의 서평이 모두 제각각입니다. 그러나 서평의 본질은 동일하지요. 서평의 작성법 이전에 서평의 정체성에서 시작하는 이유입니다.

본질부터 기술에 이르기까지 폭넓게 다루었으나 부족한 점이 많을 것입니다. 그러나 가능한 한 구체적으로 설명하고 여러 사례를 통해 생생하게 전하고자 노력했습니다. 아무쪼록 저의 서툰 안내가 여러분이 서평 쓰기의 여정에 나서는 데에 조금이나마 도움이 되길 바랍니다.

목차

1부
서평이란 무엇인가?

서평의 본질

서평을 작성하기 위해서는 서평이 무엇인지를 먼저 알아야 합니다. 서평의 소재는 책이고, 방식은 비평입니다. 그러니까 책을 평하는 글입니다. 하지만 이러한 설명만으로는 서평의 본질을 이해하기에 충분하지 않습니다. '평'評을 책에 대한 모든 언급으로 착각하는 일도 많지요.

실제로 서평이라고 작성했는데 내용은 독후감인 경우도 흔합니다. 책에 대한 소감을 나열하고, 이를 책에 대한 평으로 오인하는 겁니다. 요약에서 멈추는 경우도 자주 보았습니다. 서평의 본질에 대한 인식이 모호한 탓이겠지요.

그렇다면 도대체 서평書評이란 무엇일까요?

1
{ 서평과 독후감 }

　어떤 대상의 본질을 규명하는 방식은 여러 가지겠지만, 가장 기본은 다른 것과 대비해 보는 겁니다. 하늘을 땅에 견주어 설명하고, 남자를 여자에 비추어 살펴보는 식이지요. 서평은 독후감에 비추어 볼 때 가장 선명하게 본질이 드러납니다. 따라서 독후감과 서평의 차이를 통해 서평의 정체성을 알아보겠습니다. 독후감과 서평은 다음 세 가지 면에서 분명하게 구별됩니다.

　첫째, 독후감이 정서적이라면, 서평은 논리적입니다.

　독후감은 문자 그대로 책을 읽은 다음의 감상을 담습니다. 본질적으로 정서의 반응이죠. 직접적인 반응에 가까워 책에 대한 독자의 느낌을 언어로 표현합니다.

　이와 달리 서평은 읽은 책에 대한 사유를 담습니다. 본질적으로 논리적인 반응이지요. 물론 느낌이 포함되지만 그

느낌은 논리적 사유로 번역되어 있습니다. 책에 대한 메타 성찰이라 하겠지요. 독서에서 서평에 이르는 과정에는 일정한 성찰이 개입하는 까닭에 사유의 간격이 넓습니다. 이 성찰의 정도가 서평의 수준을 결정하지요. 읽기와 쓰기 사이의 성찰 간격만큼 서평의 질은 나아지게 마련입니다. 많이 생각하고 오래 생각하는 만큼, 깊이 생각하고 넓게 생각하는 만큼 서평의 수준은 향상됩니다.

둘째, 독후감이 내향적이라면, 서평은 외향적입니다.

독자의 마음에 일어나는 느낌은 소중합니다. 그 독자만의 고유한 감정이기 때문이지요. 독후감은 독자만의 고유한 느낌을 표현하는 데에 초점을 두어, 독후감을 쓰는 이가 자신의 다채로운 정념과 직면하게 도와줍니다. 따라서 독후감 쓰기를 적절하게 활용하면, 정서가 치유되는 경험을 할 수 있습니다. 특정한 책을 읽을 때 독자의 내면에 일어나는 특정한 느낌은 그 자체로 많은 것을 담고 있습니다. 그것이 온전하게 표현될 때 치유가 시작됩니다.

서평은 이와 다릅니다. 서평은 그 서평을 읽어 줄 다른 이의 세계로 나아가고자 합니다. 책의 독자인 서평자의 정신이 서평의 독자이자 그 책의 예비 독자에게 나아가는 겁니다. 서평의 일차 목적은 서평을 읽는 독자를 자기의 주장으로 끌어들이고, 독자에게 서평자의 생각을 받아들이게 하는 데 있습니다. 서평과 독자 사이에는 공적이고 사회적인 목적이 개입합니다. 서평은 해당 책에 대한 서평가의 해석과 평가를 독자에게 전달하고 나아가 설득하려 합니다. 내가 작성한 서평을 통해 그 책을 집어 들거나 그와 반대로 그 책을 멀리하도록 하는 것이 목적입니다. 의도가 그렇기에 서평은 타인을 중심으로 작성됩니다. 그런 의미에서 독후감이 주관적이라면, 서평은 객관적입니다. 자신의 입장을 객관화하느냐의 여부에서 서평과 독후감으로 갈라집니다.

독후감이 독백이라면, 서평은 대화입니다. 독후감은 독자가 없어도 됩니다. 혼자 쓰고 끝내도 상관없지요. 감정을 풀어 놓기만 해도 충분합니다. 반면 서평은 이를 읽어 줄 독자가 필요합니다. 서평의 독자는 서평에 반응합니다. 즉 서평의 주장에 동의하거나 반대하게 됩니다. 이것이 서평을 쓰는 이와 서평을 읽는 이의 대화입니다. 서평을 쓰면서 서평의 독자를 염두에 두지 않을 수는 없습니다. 독자를 설득하고자 성찰하며 언어와 논리를 구성하고 배열해야 합니다. 이를 통해 성찰은 정련되며, 정신의 성숙을 이루기도 합니다.

셋째, 독후감이 일방적이라면, 서평은 관계적입니다.

독후감은 책에 대한 감상을 표현하는 것을 목적으로 합니다. 그저 나의 느낌을 잘 들어 주는 것으로 충분합니다. 독후감은 읽는 상대를 설득하는 것을 추구하지 않고, 독자의 정서 공감을 기대하며 소극적 수용에도 만족합니다.

서평은 서평에서 다루는 책에 대한 성찰을 전달합니다.

서평을 쓰는 이의 사유가 서평을 통해 공유됩니다. 이러한 공유는 대화적이지요. 누군가가 내가 쓴 서평을 읽는다고 끝이 아닙니다. 책에 대한 그의 반응이 서평을 읽기 전과 읽은 후가 동일하다면, 그 서평은 실패한 셈입니다. 성공한 서평은 어떤 것일까요? 서평을 쓴 사람이 의도한 반응이 있어야 합니다. 보통 의도하는 반응은 서평의 독자가 책을 읽는 겁니다. 친구에게 빌리든 서점에서 사든 상관없이 책을 읽게 하는 거지요. 혹은 읽지 않게 하기를 목적으로 삼기도 합니다. 너도나도 좋은 책이라고 할 때 그 책을 읽지 않을 이유를 납득시킨다면, 그 서평은 성공한 서평입니다(물론 이렇게 특정한 책을 읽거나 읽지 않게 하는 것이 서평의 전부는 아닙니다).

이렇듯 서평은 그 서평을 읽는 독자를 설득하고자 합니다. 서평 읽기는 하나의 단계에 불과합니다. 서평을 읽은 독자가 해당 책을 읽거나 읽지 않는 구체적인 반응으로 화답해 주어야 서평은 제구실을 다한 것이 되며, 이로써 서평을 통한 대화가 완성됩니다.

서평과 독후감은 다른 목적을 추구하고, 다른 장르에 속합니다. 기본적으로 서평과 독후감은 경유하는 매개와 지향하는 방향과 추구하는 목적이 다르기에 글을 작성하는 당사자에게 주는 유익도 동일하지 않습니다. 앞서 말한 바와 같이 독후감이 독자에게 치유의 경험을 제공한다면, 서평은 독자에게 통찰의 경험을 선사합니다. 물론 궁극적으로는 양자가 서로 통한다고 해야 옳겠습니다. 한편으로 마음이 치유되는 만큼 책을 더 깊이 통찰할 수 있기 때문이고, 다른 한편으로 책(이 다루는 대상)에 대한 통찰은 책을 읽는 나 자신에 대한 통찰로 이어지기 때문입니다.

{ 2 책과 서평 }

서평과 열린 텍스트

좋은 책은 그 책의 전문가를 포함한 독자의 해석을 매개로 하여 계속 성장합니다. 그러한 책의 경계는 가변적입니다. 그 경계에 독자가 서 있습니다. 독자의 독서가 곧 해석이며, 좋은 해석은 텍스트를 확장시킵니다.

여기서 '텍스트'는 특정한 저자의 단일한 의도를 떠올리게 하는 책이라는 단어와 구별하고자 롤랑 바르트의 말[1]을 차용했습니다. 텍스트text는 원래 직물texture이라는 말에 연원을 둡니다. 씨실과 날실이 교차하며 직물을 짜듯이 이것저것이 뒤섞여 하나의 텍스트를 이루는 것이지요. 텍스트에는 무엇보다 저자가 의도한 사유와 의도하지 않은 욕망이 혼재되고, 저자의 사유와 타인의 통찰이 뒤섞입

2 책과 서평   29

니다. 그 이면에서는 그가 살아가는 시대와 세계가 함께하며, 이후에는 독자가 텍스트를 새롭게 읽어 가면서 새로운 의미를 덧칠합니다. 이 모든 것이 텍스트를 구성합니다. 저는 책과 텍스트에 대한 이러한 문제의식을 염두에 두고 다시 책이라는 단어를 사용하려고 합니다.

책에 다가가는 인간의 모든 행위는 그 책에 대한 나름의 해석입니다. 해석을 통해 책은 계속 만들어져 갑니다. 저자의 (읽고) 쓰는 행위와 독자의 읽(고 쓰)는 행위로 끝없이 만들어지는 것이지요. 이렇게 저자와 독자가 섞이고, 읽는 것과 쓰는 것이 합류합니다. 책은 고정되지 않고, 계속 성장한다고 할 수 있습니다.

저는 이렇게 말하고 싶습니다. "책은 항상 새롭게 읽혀야 한다. 그리고 이는 무엇보다도 서평을 통해 구현된다."

모든 독자는 선택한 책을 새롭게 읽는 가운데 자아를 쇄신하고 확장하는 여정에 나서게 됩니다. 좋은 독서는 독자가 자신의 세계에서 벗어나 낯설고 새로운 세계로 나아가게 만듭니다. 이를 위해 독자는 한편으로 책을 읽기 전에 자신을 비워야 하지만, 다른 한편으로 책 속으로 자신을 온전히 던져야 합니다. 전자는 자신의 아집을 버리라는 뜻으로 책이 말하는 바에 온전히 귀를 기울이라는 말입니다. 반면 후자는 자신의 모든 가용 자원을 동원하여 총체적으로 읽어 들어가라는 뜻입니다. 이 점은 좀 더 생각해 볼 필요가 있습니다.

책을 읽는다는 것, 즉 해석한다는 것은 개인으로서의 독자가 수행하는 개별적인 과업입니다. 개인을 뜻하는 영어 'individual'은 부정접두어 'in-'과 '나누다', '쪼개다'라는 의미를 지닌 동사 'divide'로 나뉩니다. 개인은 더 이상 나뉠 수 없는 최소 단위입니다. 결정의 최소 단위인 셈이지요. 이는 우리에게 그렇게 어려운 이야기가 아닙니다. 투표도 1인 1표가 원칙이지 않습니까? 해석도 마찬가지입니다. 독자는 자신의 고유한 독해가 가능할 뿐만 아니라 마땅히 그렇게 해야 합니다. 독자가 딛고 서 있는 자리를 전제 혹은 선先이해라고 할 수 있는데 이게 없다면 독자의 해석은 불가능합니다.

독자는 책을 대할 때 자신의 머릿속에 있는 문제의식에 따라 책을 대하며, 그 문제의식에 따라 특정한 방식으로 질문을 제기합니다. 가령 페미니스트 신학자인 샐리 맥페이그는 『성서』에서 신을 주로 아버지로 규정짓는 데 의문을 품었습니다. 가부장제에 대한 비판적 입장을 선이해로서 가지고 있던 까닭입니다. 신에 덧붙인 이름과 형용을 신 자체와 구별하는 맥페이그에게는 '아버지 하나님' 못지않게 '어머니 하나님'이라는 호칭도 문제가 됩니다. 둘 다 위계적인 체계를 반영하고 있다고 생각하기 때문입니다. 이에 따라 맥페이그는 『은유 신학』에서 이러한 위계적인 언어를 넘어서 수평적인 언어를 모색합니다. 결과적으로 맥페이그는 위계 시스템에 대한 비판적 입장과 기독교적 진리에 대한 종교적 믿음을 결합해 친구로서의 신 개념을 이야기합니다. 여기에서 우리는 맥페이그의 선이해가 그저 지식에 관한 문제가 아니라 삶에 관한 문제임을 헤아릴 수 있습니다. 교리에 대한 입장 이전에 삶에 대한 태도인 것입니다. 그러니까 해석자(독자)의 선이해는 해석자의 삶이며 이야기라 해도 무방합니다.

책에는 저자의 삶, 저자의 이야기가 담겨 있습니다. 독서는 책의 이야기에 독자의 이야기가 맞대응하는 것으로, 책의 이야기와 독자의 이야기가 만나 하나의 고유한 이야기를 형성합니다.

독자와 서평가가 선 자리

우리의 질문이나 문제의식 혹은 우리의 전제나 선입견 등이 독자인 우리의 현재적 지평을 구성합니다. 이게 없다면 해석은 발생하지 않습니다. 책은 해석을 거쳐야만 온전히 우리의 것이 됩니다.

서평 또한 해석입니다. 서평, 즉 북리뷰Book Review에서 '리뷰'는 책을 '다시re 보는view' 겁니다. 새롭게 읽는 것이지요. 이는 해석의 주체인 독자가 각기 다른 자리에 서 있기에 가능합니다. 모든 서평은 독자/서평자의 다시 읽기입니다. 나아가 다른 독자에게 다시 읽기를 제안합니다.

> 나는 바로 이 '다시 읽기'의 환경을 제공했다. 관련 자료를 참고하며 그 고전들을 다시 읽었을 뿐만 아니라, 그 고전들을 처음 읽는 이도 다소 유사하게나마 '다시 읽기'의 즐거움을 얻을 수 있게 배려했다.[2]

타이완의 인문학자 양자오는 『종의 기원』에 대한 저작에서 이렇게 말했습니다. 모든 책은, 특히 『종의 기원』과 같은 고전은 언제나 새롭게 다시 읽혀야 한다고요. 좋은 독서와 좋은 서평은 책에 대한 새로운 해석의 가능성을 열어 줍니다. 『성서』,『국가』,『자본론』등이 달리 고전이 아닙니다. 고전에는 독자가 새롭게 읽어 낼 수 있는 가능성이 끝없이 열려 있습니다.

문학도 마찬가지입니다. 고전 소설 또한 해석의 여지가 무궁하지요. 그렇기에 고전의 지위를 얻게 된 것입니다. 앞에서 말했듯이 이러한 해석의 가능성은 저자뿐 아니라 독자도 함께 만들어 가는 겁니다. '로쟈'라는 필명의 서평가이자 문학 연구자인 이현우는 『햄릿』에 대한 글에서 다음과 같이 말합니다.

저는 고전 텍스트를 '텍스트-무한'이라고 부르기도 하는데, 작품에 대한 해석이 고갈되지 않는다는 뜻입니다. 끊임없이 해석하고 의미의 핵심을 파악하고자 하지만 목표에 이르지 못하게 되는데, 그게 텍스트-무한의 특징입니다. 고전 텍스트, 클래식이라고 불리는 텍스트는 거의 여기에 속합니다. 고전처럼 무한한 텍스트와 유한한 텍스트 사이의 격차는 큽니다. 물론 『햄릿』도 출간될 때부터 무한한 텍스트는 아니었습니다. 무수히 많은 독자들에게 읽히고, 새로운 해석이 가해지는 가운데 그것을 버텨 내는 텍스트, 그러니까 읽고 나도 계속 뭔가 읽을거리가 남는 텍스트가 바로 무한한 텍스트이고 텍스트-무한입니다. 『햄릿』도 처음에는 만만한 텍스트였지만 점점 숭고한 텍스트로 격상되고, 이제는 작품의 결함조차도 의미를 갖는 경지에 이르렀습니다.[3]

한 가지 기억해야 할 점은 지금의 고전 또한 당대에는 신간이었다는 사실입니다. 고전이 만들어지던 당시의 독자부터 지금의 독자에 이르기까지 수많은 이의 끝없는 해석의 역사 속에서 우리가 지금 아는 위대한 고전이 만들어졌습니다. 지금의 신간도 여러분의 독서, 즉 해석의 과정을 통해 또 하나의 고전이 될지 모릅니다.

이렇게 고전이 되는 데에는 독자 이전에 저자 자신(가령 『햄릿』의 경우에는 셰익스피어)의 몫이 크다는 것은 두말할 것도 없습니다. "새로운 해석이 가해지는 가운데 그것을 버텨 내는 텍스트"라는 것은 책 자체에 그러한 해석을 가능하게 하고 독려하는 잠재력이 도사리고 있다는 뜻입니다. 소위 양판소, 즉 양산형 판타지 소설의 대부분은 이러한 잠재력을 가지고 있지 않습니다. 그러므로 좋은 책의 생성은 저자의 역량과 무관할 수가 없습니다. 좋은 저자는 그 시대의 지적 역량을 대표합니다.

학부 시절 종교학 수업에서 교수님께 들었던 이야기가 생각납니다. 이분이 하버드대학교 박사 과정에 들어갔을 때 염두에 둔 논문 주제는 언어에 주목한 철학자 비트겐슈타인이었습니다. 그러나 도서관 서가를 길게 채운 비트겐슈타인 관련 연구서를 보고 나자 연구 의욕이 사라져 결국 논문의 주제를 바꾸게 되었다고 합니다. 비트겐슈타인 연구로 학위 취득은 고사하고 관련 자료만 읽다가 남은 생을 마칠 판이니 도리가 없었겠지요. 레이 몽크의 『비트겐슈타인 평전』의 서문에도 비트겐슈타인의 철학에 관한 주석서를 모은 당시의 참고문헌 목록에 책과 논문이 5,868개나 된다고 나와 있습니다. 그 책이 원서로 출간된 때가 1990년입니다!

비트겐슈타인이 남긴 두 권의 문제적 저작으로 두 개의 학파가 만들어졌습니다. 『논리철학논고』가 비엔나 학단을, 『철학적 탐구』가 일상언어학파를 탄생시켰지요. 물론 그만큼 비트겐슈타인이 철학의 천재라는 뜻이겠지만, 이 두 저작이 해석의 가능성이 넓다는 뜻이기도 합니다. 두 권 모두 (다소 구성은 다르지만) 단편집의 형식을 취하고 있습니다. 이 단편들을 재구성하는 것은 독자의 몫입니다.

비트겐슈타인의 저작에 대한 방대한 연구서는 모두 일종의 서평인 셈입니다. 그 많은 서평이 『논리철학논고』와 『철학적 탐구』에 잠재된 무궁한 해석의 역량을 인정하며, 두 책을 현대의 철학 고전으로 만든 겁니다.

좋은 책일수록 해석의 여지가 많고 저자와 독자 간의 대화가 지속됩니다. 고전이 이름값을 하는 것은 해석의 가능성이 소진되지 않기 때문입니다.

가령 플라톤의 『향연』을 생각해 봅시다. 이 책은 기본적으로 에로스를 주제로 한 대화록입니다. 이 책에서는 단일하게 정리된 견해를 내놓지 않습니다. 그 자리에 함께하지 않은 디오티마를 포함하여 모두 일곱 명의 견해가 등장합니다. 주인공은 분명 소크라테스지만, 소크라테스의 관점을 넘어서는 디오티마의 주장이나 소크라테스를 찬양하는 알키비아데스의 주장도 중요합니다. 이는 『향연』의 주인공 소크라테스가 아니라 저자 플라톤의 관점에서 읽어 볼 때 명확해집니다. 독자도 마찬가지입니다. 입장에 따라 에로스의 다양한 측면을 보는 초점이 달라질 수 있습니다. 그 모든 측면이 하나로 어우러져 에로스의 풍성함을 드러내게 되는 것이지요.

물론 모든 독서에서 해석의 다양성을 요구할 수는 없습니다. 그러나 우리가 알고 있는 위대한 고전 작품이나 좋은 의미의 문제작은 독자를 자기 역량의 한계와 직면하도록 이끄는 가운데 독자의 지평을 확장시킵니다. 독자는 거듭하여 책을 해석하면서 그 책의 지평을 확장시키고, 동시에 독자 자신도 새로워집니다.

이 해석 작업은 말과 글로 표현되어야 합니다. 서평은 글의 일종입니다. 서평은 다름 아닌 논리를 담아내며, 서평가가 읽은 책에 대한 조리 있는 설명과 평가를 문자화합니다. 읽고 나서 느낀 감동과 깨달음을 쏟아 내는 것은 서평이 아니라 독후감입니다. 물론 독후감의 감동과 깨달음은 서평의 설명과 평가와 근본적으로 동일합니다. 독후감이 보여 주는 감동과 깨달음에 논리와 체계를 부여하여 설득력을 배가시킨 것이 서평이니까요. 누군가 이렇게 논리적으로 서평을 쓰고, 다른 누군가가 그 서평을 통해서 그 책을 읽는 눈이 열리면 모두가 더 나은 자리로 나아가게 됩니다. 이러한 점은 서평의 목적과 연결됩니다. 이제 서평의 목적을 살펴보겠습니다.

서평의 목적

'서평이 무엇인가'에 뒤를 잇는 질문은 '왜 서평을 쓰는 가'일 겁니다. 어떤 행위와 그 소산을 바로 이해하기 위해 서는 정의 못지않게 목적을 이해해야 합니다. 다시 말해서 서평을 쓰기 전에 이걸 왜 써야 하는지 분명하게 파악해야 합니다.

먼저 서평을 쓰는 독자의 입장을 살펴보겠습니다. 이는 앞에서 텍스트에 대해 말한 부분과 연결됩니다.

3
{ 서평과 독자 자신의 관계 }

독서는 그저 책을 읽는 것으로 끝나지 않습니다. 책의 마지막 장을 덮은 후에도 책에 대한 독자의 이해와 해석은 계속됩니다. 실은 그의 삶을 통해 책에 대한 이해와 해석이 지속된다고 말해야 정확할 터이지만, 여기에서는 그에 대해 더 언급하지 않겠습니다. 지금 중요한 것은 표현입니다. 해석은 언어로 표현되어야 합니다. 말과 글을 통해 구체적으로 정리되어야 독서는 완결됩니다. 읽은 것을 가지고 남에게 말하고, 읽은 것에 대해 글을 쓰는 것은 매우 합당하고 권장할 만한 일입니다.

서평과 자아 성찰

　서평 쓰기의 일차 가치는 독자 자신의 내면 성찰에 있습니다. 서평 쓰기는 작성자가 그동안 자각하지 못했던 자신의 내면을 파악할 수 있게 해 줍니다. 독서 자체가 그러한 자기 성찰의 기회를 제공합니다. 서평 쓰기는 심화된 독서 행위입니다. 더욱 깊게 책을 읽는 가운데 자신을 더욱 깊이 읽게 되는 것이지요.

　독서를 통해 들어가게 되는 우리의 내면에는 많은 것이 은폐되거나 억압되어 있습니다. 내가 모르는 나도 많습니다. 나만 모르는 나도 있고, 남도 모르는 나도 있습니다. 내 안에는 어머니도 있고, 아버지도 있습니다. 어릴 때의 나도 있고, 지금의 나도 있습니다. 우리는 자기 자신을 충분히 알지 못하며, 해결되지 않은 과거의 문제를 잔뜩 안고 있지요. 우리의 내면과 외면 사이에는 어느 정도의 간극이 있습니다. 서평 쓰기는 우리가 더욱 깊이 책 속으로 들어가게 하는 가운데 더욱 깊이 우리 내면으로 들어가게 도와줌으로써 단순한 독서 행위를 넘어섭니다. 그렇기에 서평 쓰기는 우리의 내면과 외면을 이어 주고 통합시키는 좋은 매개입니다. 서평 쓰기 자체가 책을 통해서, 책을 읽는 독자 자신의 내면에 몰입하는 과정이기 때문입니다.

　서평 쓰기는 묵상하기에 다름 아닙니다. 책을 매개로 나의 내면으로 들어갑니다. 그러나 서평을 쓰기 위해 원고지나 모니터를 들여다보는 과정은 언제나 두려움을 부릅니다. 회피하고 싶은 마음이 생기는 것도 당연합니다. 저항감은 서평을 쓰려 하는 모든 이에게 동일하게 일어납니다. 이는 물론 서평 쓰기에 한정된 이야기가 아닙니다. 모든 글쓰기에 적용되지요. 가령 논문이나 소설 등도 마찬가지입니다. 애초에 서평 쓰기에 대한 논의 가운데 상당 부분은 다른 글쓰기에도 적용됩니다. 전문가와 비전문가의 차이는 글 쓸 때 느끼는 저항감에 대한 태도에 있다고 볼 수 있습니다.

아마추어는 일하기에 앞서 먼저 자신의 두려움을 극복해야 한다고 믿는다. 그는 두려움을 극복해야만 비로소 자신이 일할 수 있다고 생각한다. 그러나 프로는 자신이 결코 두려움을 극복할 수 없다는 것을 알고 있다. 그는 세상에 두려움 없는 전사나 걱정 없는 예술가는 존재하지 않는다는 것을 알고 있다.[4]

읽은 책에 대해 말로 떠들 때는 책의 주장이 진부하게 느껴지고, 저자가 자기 아래에 있는 것처럼 생각됩니다. 하지만 막상 텅 빈 종이나 화면을 바라보고 있으면 내 머리도 같이 텅 빕니다. 글로 쓰려고 하면 두려움이 밀려옵니다. 이러한 두려움은 지극히 당연합니다. 글의 논리와

말의 논리는 다르기 때문입니다. 한번 내뱉은 말을 단순히 글자로 옮긴다고 해서 곧바로 글이 되지는 않습니다. 두려움을 받아들여야 합니다. 회피하지 말고, 당당히 직면해야 합니다. 이렇게 두려움을 직면하고 나면 자아 성찰이라는 보상이 따릅니다.

서평과 삶

자아 성찰이 서평 쓰기의 결론은 아닙니다. 진정한 종결은 어디까지나 삶을 통한 해석이자 실천입니다. 이는 물론 서평이 보여 주는 가능성을 극대화한 이상적인 논의일 겁니다. 그렇더라도 이상理想은 중세에 선원이 기준으로 삼던 밤하늘의 북극성과도 같습니다. 항해를 통해서 북극성에 다다를 수는 없어도 북극성을 보며 항해의 방향을 바로잡을 수는 있습니다.

서평이 독서의 완성이라면, 서평가는 그 이상을 향할 수밖에 없습니다. 적어도 성장을 위한 독서라면, 삶의 변화를 지향할 수밖에 없습니다. CBS 프로듀서 정혜윤의 서평집이 이를 잘 보여 줍니다. 책의 제목도 『삶을 바꾸는 책 읽기』입니다. 이 책에서 저자는 이렇게 말합니다.

거창하게 책 제목을 '삶을 바꾸는 책 읽기'라고 해 버렸습니다. 교양을 위한 책 읽기도 아니고, 리더가 되기 위한 책 읽기도 아니고, 치유를 위한 책 읽기도 아니고, 고독하고 우울한 밤을 보내기 위한 책 읽기도 아니고, 저는 왜 삶을 바꾸는 책 읽기라고 해 버렸을까요?[5]

저자가 '삶을 바꾸는 책 읽기'라고 말할 때 정말로 하고 싶은 말은 무엇인가를 사랑하는 인간으로 세상을 사는 태도입니다. 물론 저자에게 사랑의 대상은 책입니다. 저자는 책에 모든 소중한 가치를 부여합니다. 나아가 책에 대한 사랑에 기초하여 세계 전체를 사랑할 수 있다고 말합니다.

우리가 가치를 두는 것을 더 잘 사랑하기 위해서 조금씩조금씩 나를 바꾸어 나가는 것. 이것이야말로 우리가 지금 여기서 힘 있게 존재할 수 있는 방식 아닐까요?[6]

정혜윤이 책에 대한 사랑에서 세상에 대한 사랑으로 나아가는 과정을 이야기하면서, 이를 위해서 우리 자신이 변화해 가야 한다고 부드럽게 독려하는 것은 제가 앞에서 말한 바와 본질상 같습니다. 또한 그 연장선상에 놓인 서평 작업도 마찬가지입니다. 서평은 분명 논리에 토대를 두는 지성의 작업입니다. 그렇지만 그 귀결은 삶의 변화입니다. 적어도 올바른 독서, 성장하는 독서를 지향한다면 삶은 변화합니다.

이른바 느리게 읽기도, 실상을 알고 보면 이와 다를 바가 없습니다. 요새 유행하는 슬로 리딩은 슬로 라이프의 연장입니다. 이에 대해서는 이미 여러 책이 나왔지만, 소설 『일식』의 작가로 유명한 히라노 게이치로의 『책을 읽는 방법』 정도로도 충분할 겁니다. 언론도 이미 느리게 읽기에 주목하고 있을 정도로[7] 느리게 읽기는 하나의 트렌드가 되었습니다. 다만 느리게 읽기는 독서 트렌드의 하나로 치부할 현상이 아닙니다. 느리게 사는 삶은 속도보다 방향을 우선합니다. 앞에서 북극성을 언급하면서 이야기했듯 독서도 방향이 중요합니다. 천천히 읽는 이유는 책 속으로 깊숙이 들어가기 위함입니다. 이러한 독서는 일종의 오래된 미래Ancient Future라고 할 수 있습니다. 느리게 읽기는 일찍이 고대의 현인들이 추구한 독서법인 까닭입니다. 슬로리딩은 하나의 책만 아는 근본주의자의 독서법이 아닙니다. 외려 굳이 말하자면, 앎의 깊이에서 점차 앎의 너비로 확장하는 방식일 것입니다. 처음에는 하나의 책 속으로 깊게 들어가 광범한 앎의 영역으로 점차 넓게 퍼져 갑니다.

  슬로 리딩이건, 뭐건 상관없습니다. 좋은 책을 잘 읽으면, 삶의 지평이 넓어집니다. 서평은 이러한 독서의 연속선상에 놓여 있습니다. 서평 쓰기의 귀결은 독서를 통해 획득한 자아와 타자에 대한 깨달음을 더 넓은 지평으로 확장하는 것입니다. 앎과 삶의 일치, 즉 인격의 통합을 추구한다고 말할 수도 있습니다. 서평을 쓸 때마다 이런 마음을 되새기라는 것은 아니지만, 적어도 서평 쓰기의 목표 자체에 대해서는 한 번쯤 깊이 숙고할 필요가 있습니다.

4
{ 서평과 잠재 독자의 관계 }

　서평의 최고 수혜자는 물론 서평자 자신입니다. 그러나 서평은 관계적이며, 쌍방적입니다. 책과 잠재 독자를 연결하는 하나의 매개인 서평은 잠재 독자와의 대화인 동시에 저자와의 친교이거나 대결입니다.

　매개로서 서평은 책과 잠재 독자 사이를 연결하거나 반대로 단절하는 것을 의도합니다. 이러한 측면이야말로 서평의 참된 목적이자 존재 의의입니다. 서평은 무엇보다도 잠재 독자에게 영향력을 행사하는 수단이기 때문입니다.

서평의 영향력

첫째, 서평은 책에 대한 잠재 독자의 선이해 형성에 영향을 미칩니다. 서평을 통해 형성된 선입관은 책을 바라볼 때 렌즈 구실을 하고, 이 렌즈는 서평가의 관점으로 착색되어 있습니다. 하지만 그게 잘못이라는 뜻은 아닙니다. 관점이 배제된 요약은 서평이 아닙니다. 기껏해야 책 소개일 따름이지요. 실은 소개조차 소개하는 이의 취향과 입장이 스며들 수밖에 없습니다. 요약 자체가 무얼 덜어 내고, 무얼 남길지를 고르는 소개자의 가치관을 반영하니까요.

서평을 참고하는 습관은 교양 독자의 기본 태도 가운데 하나입니다. 잠재 독자는 관심 있는 책에 대한 기본 정보를 얻기 위해 서평을 참고합니다. 특정한 책이 아니라도 관심을 갖고 있거나 연구하는 분야의 흐름을 파악하기 위해 수시로 서평을 참고하기도 합니다. 자신이 눈길 두는 분야에서 나오는 책을 모두 읽을 수도 없는 탓에 더욱 그렇습니다.

또한 읽지 않고 아는 척하기 위해서라도 서평을 읽습니다. 아는 척은 보기와 달리 상당한 내공을 필요로 합니다. 피에르 바야르의 『읽지 않은 책에 대해 말하는 법』이 달리 나온 것이 아닙니다. 훌륭한 독서가나 지성인은 누구나 수많은 책으로 이루어진 내 마음의 도서관 혹은 인덱스를 가지고 있습니다. 이것이 읽지 않은 책에 대해서도 말할 수 있게 해 주는데, 여기에는 방대한 독서 못지않게 꾸준한 서평 섭렵이 필요합니다. 이럴 때 서평은 지적 허영을 위한 도구가 아니라 교양인으로서의 대화를 위한 수단입니다.

물론 허세로 무장한 이에게도 일정한 영향을 미칩니다. 서평가 금정연은 이들에 대해 다음과 같이 말합니다.

책을 읽는 대신 서평을 읽는 것으로 문화생활을 하고 있다고 믿는 부류. 저자의 이름과 제목, 대략의 줄거리를 섭취하고 소개팅 자리나 SNS에 몇 줄 인용함으로써 좀 더 나은 사람으로 자신을 포장하려는 사람들.[8]

제 생각은 이렇습니다. 독서를 시작하는 동기가 허영이라도 나쁘지 않습니다. 일정한 분량을 넘어서면 양질전화 量質轉化의 법칙이 발생하기 때문입니다. 외려 중요한 것은 서평 읽기와 독서의 균형일 터입니다. 가령 지난 일주일 동안 단 한 권도 읽지 않았다면, 아무래도 독서가로 자처하며 책에 대해 이야기하기는 조금 곤란하겠지요.

둘째, 서평은 책에 대한 잠재 독자의 독서 여부에 영향을 미칩니다. 책에 대한 긍정적이거나 부정적인 선이해가 구현된 결과입니다. 긍정적인 서평의 작성은 그 책이 널리 세상에 읽히기를 바라는 목적에 따른 겁니다. 대체로 서평가는 애서가인지라 책에 대한 애정이 서평에 고스란히 드러납니다. 독자가 그 책을 사랑해 주기를 바랍니다. 설혹 서평으로 소개하고 추천하는 그 책을 독자가 읽지 않더라도, 최소한 그 책에 담긴 핵심 주장은 명확하게 이해하고 수용해 주기를 바라는 것이 서평가의 마음입니다.

대체로 서평은 '제가 읽어 보니 좋았습니다. 당신도 한번 읽어 보지 않겠습니까?' 하는 식이지만, 일부 서평은 그와 반대로 '제가 읽어 보니 영 아니었습니다. 당신만이라도 절대로 읽지 마십시오'라고 말합니다. 좋은 책 못지않게 나쁜 책도 쏟아져 나오는 요즘 같은 때일수록 확실히 이러한 서평도 필요합니다. 가령 『아프니까 청춘이다』를 너도나도 예찬할 때, 눈 밝은 독자라면 모름지기 입바른 소리를 글에 담아내야 하지 않을까요. 현란한 광고 속에서 허우적대는 독자에게는 죽비와도 같은 서평이 제법 도움이 될 것입니다.

모든 서평이 사회적 봉사이지만 비판적 서평은 더욱 그렇습니다. 그런 서평에는 쓸모없거나 해롭기 그지없는 책에 내 한 몸(의 돈과 시간과 정신)을 던진 것으로 충분하다는 마음이 깔려 있습니다. 내가 그 책을 사고 읽는 데에 값을 치른 대신에 다른 잠재 독자의 불필요한 손실을 막고자 하지요. 물론 서평가의 마음을 들여다보면 다른 독자를 위한 배려보다 그 책(의 저자)을 향한 분노가 더 클지도 모릅니다.

철학자 강유원은 고미숙의 베스트셀러 『열하일기, 웃음

과 역설의 유쾌한 시공간』을 평한 끝에 다음과 같이 말합니다. "덧붙여, 나는 고미숙의 책을 통독한 뒤 내다 버렸다."⁹⁾ 군말같이 보이지만, 실은 이 문장에 서평의 논지가 압축되어 있습니다. 이 마지막 문장 하나로 그의 메시지는 충분히 전달됩니다. 그의 서평을 신뢰하거나 최소한 주목하는 독자에게는 이보다 더 명확한 메시지도 없습니다. 강유원은 서평가로서 자기 입장을 분명하게 취한 겁니다. 서평가로서 독자에게 강력한 영향을 주길 바란다면, 이러한 의지를 보여 주어야 합니다.

미국의 작가이자 농부인 웬델 베리의 경우처럼, 아예 책 한 권을 집필할 수도 있습니다. 그는 사회생물학자 에드워드 윌슨의 『통섭』에 반대하는 입장을 명확하게 드러내고자 『삶은 기적이다』를 집필하였습니다. 이 책은 서평의 본질에 부합하고, 서평의 구성 요소를 충족하므로 명확하게 서평입니다. 엄밀하게 말한다면, 『통섭』의 비판(적 서평)을 빙자한 현대의 과학문명에 대한 비판입니다. 그렇기에 역자가 다음과 같이 말하는 거지요.

웬델 베리의 이 책은 얼핏 보면 아주 긴 서평이다. 웬델 베리는 여기서 에드워드 윌슨Edward Wilson의 Consilience: The Unity of Knowledge(Alfred A. Knoph, Inc. 1998)를 세밀하게 분석, 비판하고 있기 때문이다. 그러나 조금만 더 깊이 보면 이 책은 현대 과학문명 전반에 대한 저자 웬델 베리의 비판적 성

찰이다.[10]

얼핏 보나 자세히 보나 "아주 긴 서평"이라는 사실에는 의문의 여지가 없습니다. 그저 여기에 웬델 베리가 추구하는 가치와 입장이 뚜렷하게 드러나기에 역자가 그렇게 말하는 것뿐입니다. 좋은 서평은 대체로 자신의 입장을 분명하게 드러냅니다. 서평은 개인적 판단의 공개적 표현입니다. 그렇기에 서평가 개인의 기호가 중요합니다. 이러한 선택과 옹호 혹은 배제는 서평가의 기준과 가치를 노골적으로 드러내기도 합니다. 동시에 서평은 사회적 봉사입니다. 다음 서평집의 제목은 서평의 본령에 부합합니다.

 ─다치바나 다카시, 『피가 되고 살이 되는 500권, 피도 살도 안되는 100권』
 ─장정일, 『빌린 책, 산 책, 버린 책』

이미 제목이 말해 주듯이 다치바나 다카시와 장정일은 여러 책에 대한 자신의 호불호를 각각 분명하게 보여 줍니다. 장정일은 버린 책을 말하며, 다치바나는 피도 살도 안되는 책을 이야기합니다. 굳이 자신이 버린 책과 피도 살도 안 되는 책을 언급하는 이유가 무엇일까요? 그런 책에 돈과 시간, 나아가 정신적 에너지를 투자한 것은 자기 자신 하나로 충분하다는 뜻입니다. 살신성인이 아닐 수 없지요. 그런 의미에서 서평은 공익에 기여하는 훌륭한 서비스입니다.

좋은 서평은 잠재적인 독자가 선택하게 만들고, 움직이게 합니다. 소설가로 유명한 문인 헤르만 헤세 이야기를 해 봅시다. 그는 소설가일 뿐만 아니라 전문 서평가입니다. 그가 쓴 서평과 작가에 대한 에세이만 무려 3,000여 편에 달합니다.

이 중 73편을 독일어권 전문 번역가인 안인희 박사가 가려 뽑고, 우리말로 옮겨 한 권으로 묶어 낸 책이 『우리가 사랑한 헤세, 헤세가 사랑한 책들』이라는 제목으로 나왔습니다. 「옮긴이의 말」에서 옮긴이는 이 책의 번역 작업을 하던 중 머물던 베를린의 아파트 옆 헌책방에서 책을 산 일을 이렇게 말합니다. "헤세가 추천한 책들을 여러 권 샀다. 도대체 죽기 전에 읽을 수 있을지 없을지도 모른 채로."[11] 이 말은 헤세가 훌륭한 서평가이고, 그의 서평이 좋은 서평이라는 뜻입니다. 그는 서평을 통해 소개하는 책의 매력을 한껏 드러냅니다.

이 몰락의 인간, 이 두려운 유령을 도스토옙스키가 불러냈다. 흔히들 그의 『카라마조프 씨네 형제들』이 완성되지 않은 게 다행이라고들 말한다. 안 그랬더라면 러시아 문학만이 아니라 러시아 자체와 인류까지도 폭발하여 공중분해 되었을 테니까.[12]

서평 속에 강한 파토스가 넘쳐흐르는 나머지 글을 읽는 독자를 휘청거리게 합니다. 어쩐지 『카라마조프 씨네 형제들』을 읽지 않으면 안 될 것만 같지 않나요? 좋은 서평은 이렇게 독자에게 서평자의 의도를 관철해 냅니다. 독자가 대가를 치르게 했다면, 그러니까 독자가 책을 사기 위해 지갑을 열었다면, 또한 독자가 책을 집어 들어 읽게 만들었다면, 그 서평은 성공한 셈입니다. 그 책을 사거나 읽지 않도록 할 때에도 그 서평은 성공한 것이지요. 만일 그 서평이 서평자의 의도와 반대로 독자에게 영향을 미친다면, 그 서평은 실패한 겁니다. 그런 의미에서 서평은 독자와의 씨름입니다. 그러므로 서평을 쓸 때는 영혼을 담아야 합니다.

이 헤세의 서평집에 달아 놓은 「옮긴이의 글」 제목은 '피로 쓰고 피로 읽다'입니다. 이 제목은 니체의 『차라투스트라는 이렇게 말했다』의 잘 알려진 구절에서 나왔겠지만 제게는 일본의 러시아어 동시 통역사 요네하라 마리의 서평집 『대단한 책』을 생각나게 합니다. 난소암에 걸린 요네하라 마리는 20여 년간 매일 일곱 권씩 책을 읽은 전설적인 다독가입니다. 계산해 보면 무려 51,100권입니다. 그녀에게는 모든 것이 책으로 통합니다. 심지어 안약이 필요할 때도 그렇습니다. 눈이 빡빡할 때는 펼치기만 하면 눈물을 멈출 수 없게 하는 책을 집어 드니까요! 실로 책을 통해서만 정체성이 규정되는 호모 비블리오쿠스*Homo bibliocus*입니다. 진정한 독서의 고수입니다. 저로서는 그저 무릎을 꿇고 세이경청洗耳傾聽하는 수밖에요.

어떤 서평가는 과격하고 신랄합니다. 그런 서평가에게 팬이 적지 않다면, 아마도 그의 서평에 주목할 만한 통찰이 있기 때문입니다. 물론 친절하고 부드러운 서평가가 더 많아야 하지 않을까 생각하지만, 날카로운 필봉을 휘두르는 서평가도 필요합니다. 이런 서평가가 어떤 책을 작심하고 비판한다면 그 영향은 상당합니다. 앞서 언급한 바와 같이 반드시 제 돈을 주고 산 책에 대해서만 서평을 쓰는 강유원이 좋은 사례입니다. 안대회가 엮은 『조선후기 소품문의 실체』에 대한 그의 서평[13]은 고미숙의 『열하일기, 웃음과 역설의 유쾌한 시공간』에 대한 서평이기도 합니다.

서평의 중간부에서 강유원 박사는 고미숙의 책을 다루기 시작하는데, 첫 평가가 이렇습니다. "연암의 웃음과 역설은 흉내 내고 있으나 불온한 사회 비평 정신은 온데간데없다." 그는 이렇게 말합니다. "고미숙이 재구성한 연암은 졸지에 18세기 판 개그 작가로 전락한다." 고미숙의 발랄한 태도 이면에서 그는 고미숙이 터 잡고 있는 공동체를 연결 짓습니다. 하여 "수유의 전도에 앞장서고 있는 고미숙 판 '열하일기'의 장난 글은 밥맛만 떨어지게 했다"라고 비판합니다.

서평의 마지막 문장은 다음과 같습니다. "덧붙여, 나는 고미숙의 책을 통독한 뒤 내다 버렸다." 이것만으로도 충분히 임팩트가 있지만, 사실 이 문장에는 누락된 부분이 있습니다. (지금은 문을 닫은) 그의 홈페이지에는 "누가 혹시라도 쓰레기 더미에서 집어다 읽을까 봐 군데군데 책장을 찢어서"라고 기록되어 있었습니다. 아무래도 언론에 실리기에는 부담이 되었겠지요. 그러나 서평가로서 그의 입장은 명확합니다.

벌써 십여 년 전의 일이지만, 당시 이 글의 반향은 실로 대단했습니다. 그렇게 화제가 된 것은 마지막 문장 덕이 큽니다. 서평을 작성하면서 특정한 평가에 따른 특정한 의도를 관철하고자 한다면, 그러한 평가에 부합하는 언어를 사용하는 것이 합당합니다. 서평을 단지 의례적인 주례사로 만들어서는 안 됩니다. 물론 공치사로 장식된 서평도 서평이긴 하지만 결코 좋은 서평은 못 됩니다.

가벼운 서평과 무거운 서평

여기에서 명확하게 짚어 두어야 할 사항이 하나 있습니다. 저는 서평을 수준이나 분량으로 구별하지 않습니다. 본질적 구성 요소를 충족한다면, 단평이건 논문이건 모두 서평의 이름값에 부족하지 않다고 봅니다. 그렇기에 로쟈라는 필명의 서평가 이현우의 다음과 같은 접근에 저는 동의하지 않습니다. 그는 서평과 비평을 다음과 같이 구분합니다.

비평이 독자들이 같은 책을 두 번 읽게끔, 다시 읽게끔 하는 것이라면, 서평은 읽을 것이냐 말 것이냐를 판단하는 자료를 독자에게 제공하는 것에서 그치기 때문이다. 비평이 재독의 권유라면, 서평은 일독의 제안이다. 그러므로 비평과 서평은 상대하는 독자가 다르다.[14]

저는 이보다 더 큰 범위에서 이야기하고 싶습니다. 서평에 대한 저의 논의는 이현우가 비평에 대해 언급하는 바를 포함합니다. 물론 그의 방식을 따라 서평과 비평을 구별하는 것도 가능합니다. 그가 서평이라는 이름에 부여하는 의미는 가볍고 경쾌한데, "일독의 제안"을 하는 글에는 서평 대신 다른 이름을 부여하는 것이 더 적절하지 않을까 생각해 봅니다.

저라면 이현우의 도식을 그대로 사용하더라도 각각의 명칭은 이렇게 변경하겠습니다. 서평 대신에 '가벼운 서평'輕書評, 비평 대신에 '무거운 서평'重書評으로. 이는 수필의 대표적인 유형인 무거운 수필重隨筆과 가벼운 수필輕隨筆을 염두에 둔 겁니다. 물론 명칭을 달리 매겨도 의미는 비슷합니다. 하지만 "재독의 권유"를 좀 더 설명할 필요는 있겠습니다. 가벼운 서평이 특정한 책의 독서를 제안하는 것이라면, 무거운 서평은 특정한 책에 대한 특정한 해석을 제안하는 것일 터입니다. 이미 읽은 책을 서평자의 해석을 따라 다시 읽어 보기를 권유하는 것이 후자의 역할입니다.

라캉 연구자 최원의 박사학위논문을 단행본으로 펴낸 『라캉 또는 알튀세르』는 프랑스의 사회주의자 알튀세르의 유명한 논문 「이데올로기와 이데올로기적 국가 장치」에 대한 무거운 서평에 다름 아닙니다. 「이데올로기와 이데올로기적 국가 장치」는 알튀세르의 이데올로기 이론이 잘 담겨 있는 논문입니다. 이에 대한 기존의 주류 해석은 알튀세르가 주체는 지배적인 이데올로기에서 벗어날 수 없다고 보았다는 것입니다. 한데 최원의 글은 알튀세르의 이데올로기론에 대한 기존의 해석을 물리치고 새롭게 해석하게 만드는 문제적 리뷰입니다. 다시 읽기의 권유를 넘어서 새롭게 해석하기의 권유입니다.

물론 제가 생각하는 서평은 이 두 가지보다 훨씬 더 폭이 넓습니다. 저는 단 한 줄짜리 서평도 가능하며, 한 권의 책에 대한 서평으로 한 권의 책을 써내는 일도 가능하다고 봅니다. 다시 말하지만 제 기준에서는 비평도 서평입니다. 그러므로 서'평'을 구성하는 본질 요소에 주목할 필요가 있습니다. 이제 서평 작성 기술을 살펴보겠습니다.

2부
서평을 어떻게 쓸 것인가?

서평의 전제

5
{ 어떻게 읽을 것인가? }

무엇을 왜 읽는가?

서평을 쓰려면 무엇을 읽어야 할까요? 이에 대해 원칙적인 답은 '무엇을 택하든 아무 상관 없다'입니다. 무엇을 택하느냐의 여부가 중요한 차이를 만드는 것은 아니니까요. 고전을 주로 읽는다고 하여 천재가 되는 것도 아닙니다.

그러나 서평을 쓰기 위한 독서에 앞서 두 가지를 염두에 두는 것은 도움이 될 것입니다. 하나는 독서의 목적이고, 다른 하나는 독서의 태도입니다.

우선 왜 읽는지를 분명하게 아는 것이 중요합니다. 독서의 목적이 명확하고 올바르다면 그가 철학 서적을 읽든, 문학 서적을 읽든 뭐가 대수이겠습니까. 독서의 목적은 다양합니다. 인격 성숙, 정보 습득, 쾌락 추구, 자기 과시 등

셀 수도 없지요. 가장 고전적인 목적은 인격 성숙으로, 종교인이 자기 종교의 주요 경전을 읽는 것을 대표적인 예로 들 수 있습니다. 가장 현실적인 목적은 정보 습득이죠. 수업과 시험을 위해 교재나 수험서를 읽는 것이 대표적인 사례입니다.

자기 과시 역시 의외로 자주 발견되는 동기로, 특히 인문학 서적 탐독의 주요 동력 가운데 하나입니다. 슬로베니아의 철학자이자 정신분석학자인 슬라보예 지젝의 두툼한 저작들을 들고 다니는 인문 마니아 상당수가 그렇지 않던가요? 이는 물론 모든 지적 독자를 겨냥한 것이 아니며, (저 자신도 포함되는) 인문 마니아를 무작위로 비판하는 것도 아닙니다. 그저 폼을 잡기 위한 수단으로 인문 독서를 활용하는 경우를 지적하는 겁니다. 더 정확히 말하자면, 허세가 너무 심한 경우를 가리키는 것이지요. 사실 완전히 허세가 없는 경우도 드물 것입니다.

그렇다면 서평자는 무엇을 위해 책을 읽을까요? 기본적으로는 앞에서 말한 목적과 다를 바가 없습니다. 그저 각각의 다양한 목적에 따라 읽고 독자와 공개적으로 소통하고자 할 뿐입니다. 그러니 무엇을 읽느냐보다는 왜 읽느냐에서 도출되는 질문인 무엇을 소통하려 하느냐가 중요합니다. 성숙에 도움을 주는 심오한 서적, 정보를 제공하는 유용한 자료, 쾌락을 안겨 주는 재미있는 책자 등을 소개하거나, 반대로 그렇지 못한 것을 비판하기 위해 서평을 씁니다.

여기에서 재미있는 책자를 소개한다는 말에 조금 불편을 느낄 분도 있을지 모르겠습니다. 이미 말한 대로 다치바나 다카시는 『피가 되고 살이 되는 500권, 피도 살도 안 되는 100권』에서 피도 살도 안 되는 말랑말랑한 책도 소개합니다. 정보 습득을 강조하는 실용적 독서가인 그조차도 이런 책을 소개한다는 것을 생각해 보세요. 가령 그의 장서에는 춘화집이 들어가 있습니다. 이 책의 앞부분에 보면 그가 자신이 수집한 춘화집을 장황하게 소개하고 추천하는 대목이 나옵니다. 그의 방대한 독서와 수집 목록에는 춘화집이 당당히 그 한자리를 차지하고 있습니다. 재미있고, 좋아서입니다. 엄청나게 고고하거나 학문적으로 심오한 이유가 아닙니다.

서평가는 결코 밀실에서 고고하게 외치는 이가 아닙니다. 그는 광장, 그러니까 공론장에서 자신의 목적을 실현하기 위해 서평을 작성합니다. 나아가 사회 자체를 그러한 방향으로 이끌어 가는 데에 서평을 활용하고자 합니다. 반드시 그런 거창한 목적을 위해 써야 한다는 당위성이 없더라도 그 목적만은 스스로 분명하게 세워야 합니다. 이 점만 명확하게 할 수 있다면 포르노 소설로도 서평을 쓸 수 있습니다.

여기에서 포르노 소설을 폄하하려는 의도는 추호도 없습니다. 프랑스 시민 혁명의 원동력이 바로 이 장르에 속한 작품이라는 점을 고려한다면 더욱 그렇습니다. 로버트 단턴은 『책과 혁명』을 통해 도색 소설이 '평등한 세상'이라는 혁명적 관념의 씨앗을 뿌렸다는 점을 잘 보여 줍니다. 특히 이 책의 4부에 수록된 『계몽사상가 테레즈』와 같은 소설은 당시 민중을 혁명의 주체로 이끈 대표적인 작품입니다. 그러니까 이 책은 프랑스 혁명 이전에 출간된 음란 소설과 공상 소설에 대한 진지한 서평이라 할 수 있습니다.

기본적으로 모든 서평가는 독서가이며 애서가입니다. 그렇습니다. 서평가는 애서가입니다. 최소한 특정 작가나 특정 장르, 특정 주제나 특정 형태의 책에 대한 애정이 있기에 서평가로 나서는 겁니다. 혹은 그러한 애정에 기초하여 형성된 나름의 기준에 비추어 일어나는 분노를 매개로 서평가가 되기도 합니다.

이 분노라고 하는 정념은 의외로 강력한 동력이 될 수 있습니다. 만화 『드래곤볼』에서 베지터가 말하지 않던가요. 카카로트 성인은 분노를 기폭제로 삼아 초사이어인이 되는 거라고요. 종교 개혁자 마르틴 루터도 분노가 자신의 기도와 설교와 집필의 주요한 동기라는 사실을 인정했습니다. 분노는 논리를 배제하기는커녕 촉발하기도 합니다. 이른바 논객을 움직이는 주요 동력이 바로 분노입니다. 감정과 논리는 다른 것이 아닙니다. 독후감과 서평이 서로 다르면서도 통하는 이유입니다.

다만 감정을 동력으로 삼더라도 지적으로 충분히 준비되어야 합니다. 분노로 두개골을 열어젖혀도 그 안에 근육밖에 없다면, 결과는 달라지지 않습니다. 우선 문법과 언어의 기본 수준을 충족해야 합니다. 또한 문자를 넘어서 그 맥락을 파악하고 저자의 심층 의도를 이해할 수 있는 독해력이 필요합니다. 다음으로 해당 도서가 자리하는 맥락(전공)에 대한 기본 이해가 필요합니다. 내 마음의 도서관 혹은 인덱스가 형성되어야 하는 것입니다.

우상 숭배와 우상 타파

왜 읽느냐 못지않게 중요한 것이 어떻게 읽느냐입니다. 방법이 아니라 태도에 대한 이야기입니다. 서평을 쓰기 위해서는 책에 대한 태도가 양가적이어야 합니다. 한 면으로 숭배자가 되고, 다른 한 면으로 비판자가 되어야 합니다. 좋은 서평을 쓰려면, 다루는 책이 뭐가 됐건 이런 이중 태도를 취해야 합니다. 한편으로는 책에 매료되어 다가가야 하고, 다른 한편으로는 책으로부터 냉철하게 거리를 두어야 합니다. 물론 책에게 다가가 흠뻑 빠져드는 것이 우선입니다. 공감의 해석학이 선행되어야, 이어서 비판의 해석학도 충분히 제 몫을 하게 됩니다.

책에 매료된다는 것은 무슨 뜻일까요? 책의 매력을 알아본다는 말입니다. 이는 책에 들이는 시간과 마음으로 드러납니다. 한 번을 읽더라도 깊이 들어가 책의 정수, 책의 마음을 얻어야 합니다. 책 속으로 들어갔다 나올 때에 나의 세계가 흔들릴 정도로 읽어야 합니다. 할 수 있으면 여러 번 읽어야 합니다. 가급적 두세 번 읽고, 가능하다면 그보다 더 많이 읽어야 합니다.

원리로 말하자면, 사랑한 자가 미워할 수도 있습니다. 미움은 사랑의 역전이지요. 숭배자만이 배교자가 될 수 있습니다. 정확하면서도 섬세한 비판은 그만한 애정을 들인 자

만이 가능합니다. 그런 의미에서 의례적으로 작성되는 주
례사 비평은 가치가 없습니다. 그저 영혼 없는 예찬일 뿐
입니다. 어떤 의미에서 보면, 가장 좋은 적이야말로 가장
좋은 친구입니다. 좋은 적은 나의 장점을 누구보다 더 잘
아니까요. 좋은 비판가도 마찬가지입니다.

따라서 어떠한 책에 대해 분노를 느끼거나 비판을 하더
라도 동시에 그 책의 매력 요인에 최대한 공감해야 합니
다. 비판을 위한 비판이 아니라, 이해를 위한 비판인 것입
니다. 애초에 독자라면, 아니 서평가라면 기본적으로 공감
의 태도로 책에 접근해야 합니다. 앞서 말한 것처럼 비판
의 해석학에 선행하는 것은 공감의 해석학입니다. 온전히
매료되어야 제대로 비판할 수 있습니다. 이정우는 자신의
평생에 걸친 독서 여정을 다루는 책자에서 다음과 같이 말
합니다.

나는 푸코에 관한 박사 학위 논문에서 칸트 이래의 이 '근대
주체철학'의 전통을 비판했다. 그러나 그렇게 비판할 수 있
었던 것은 바로 이때 이 사유들에 깊이 매료되었었기 때문
이다. 무엇인가에 매료된 적이 없는 사람이 그것에 대한 의
미 있는 비판을 할 수는 없다.[15]

매력을 제대로 알아야 비판도 제대로 할 수 있습니다. 이
런 면에서 기독교 성직자인 김기현의 서평집 두 권이 눈길

을 끕니다. 그가 작가로서 주목받은 출발점이 되었던『공격적 책읽기』가 우상 해체적 태도를 반영한다면,『공감적 책읽기』는 그와 다르게 공감적(숭배적) 태도, 즉 책에 매료된 모습을 보여 줍니다. 하지만 무엇보다도『공격적 책읽기』에서 그는 여느 애독자 이상으로 탁월한 독해를 합니다. 그렇게 정확히 이해한 덕에 오히려 예리한 비판에 나설 수 있던 겁니다.

종교 서적에 대한 서평을 살펴보면, 대체로 칭찬 일색입니다. 숭고한 덕성을 추구하는 종교에 날카로운 논리적 비판은 그다지 덕이 되지 않는다고 보기 때문이겠지요. 그로 인해 종교 서적을 바르게 이해하는 데에 도움이 되는 서평을 찾기가 쉽지 않습니다. 김기현의 서평은 이런 점에서 세간의 서평과 확실하게 구별됩니다. '공격적 책읽기'라고 할 때 그가 뜻하는 바는 단지 비난이나 힐난이 아닙니다.

공격적 책읽기란 한마디로 찬반을 분명히 하는 읽기요, 글 쓰기이다. 비판적으로 책을 읽는다. 여기서 공격적 혹은 비판적이라는 단어는 자신의 입장을 분명히 하는 태도를 말한다. 즉 읽은 책에 대해 찬성하는지, 반대하는지, 아니면 다른 이유에 의해서 판단을 유보하든지 자신의 관점과 입장을 명백하게 밝히는 것이다. 좋은 게 좋다는 식의 읽기는 저자와 독자의 성장을 방해한다.[16]

서평의 근간이 되는 비판이란, 맹목적인 반대가 아니라 명확하게 가르는 겁니다. 비판critique의 어원인 헬라어 κρίνειν(크리네인)의 원래 의미가 "분류하고 분리하고 구별하다"[17], 즉 가른다는 뜻입니다. 의사가 병세가 악화된 환자의 소생 가능성을 판단하고 생과 사의 경계를 가르는 것이지요. 삶과 죽음에서 확장된 구도인 옳음과 그름을 가리는 것은 자연히 옳음에 대한 긍정과 더불어 그름에 대한 부정을 포함합니다. 그 옳음을 바르게 인정해야 그름을 제대로 지적할 수 있습니다. 그런 의미에서 이해는 비판의 전제입니다.

이 점을 보여 주는 흥미로운 사례가 중화권의 지식인 양자오입니다. 양자오는 미국 유학 중 수업에서 프로이트의 『꿈의 해석』에 대해 발표할 때 다음과 같이 이 책을 비판했습니다. "『꿈의 해석』은 서술의 측면에서 어수선한 인상을 지울 수 없으며 문장의 논리 또한 허점이 많다. 게다가 이 글은 프로이트의 여러 가지 이해타산과 야심을 적나라하게 드러낸다."[18] 이러한 양자오의 평가를 듣고 교수는 다음과 같이 질문합니다.

자네 말대로 프로이트가 정말 그처럼 졸렬한 저자라면, 『꿈의 해석』은 어떻게 고전의 반열에 드는 위대한 저작이 되었을까? 어째서 그토록 커다란 영향력을 발휘할 수 있었을까?[19]

양자오는 이후로도 계속 『꿈의 해석』과 씨름했습니다. "프로이트를 부정하는 것은 프로이트를 긍정하는 것보다 훨씬 쉽다. 그러나 우리가 그런 짓을 해 버려도, 그가 지닌 역사적 사실의 중요성은 부정되지 않는다. 더욱이 그를 부정하면 내게 주어진 질문에 답할 기회는 영영 사라지고 만다."[20] 저 질문에 답변하는 과정이 『꿈의 해석』을 다룬 그의 저서 『꿈의 해석을 읽다』에 응축되었습니다. 여기에서 양자오는 비판은 이해에서 비롯된다는 태도를 확립하는 과정을 잘 보여 줍니다. 그런 점에서 보면, 양자오의 책은 해설서이지만 비판서이기도 합니다. 혹은 해설서이기에 비판서입니다.

적과 친구 사이에서

책을 읽고 나서 서평을 쓰려면, 책에 대한 입장을 정해야 합니다. 이것도 좋고, 저것도 좋다는 식으로는 곤란합니다. 서평은 정치적입니다. 독일의 보수적 법학자인 칼 슈미트에 따르면, 정치의 세계에서는 아군과 적군밖에 없습니다. 적이 아니면, 친구지요. 책도 마찬가지입니다.

서평에는 숭배와 비판이 공존한다고 했습니다. 숭배는 친구와의 우정에 가깝고, 비판은 적과의 대결에 가깝습니다. 그렇다면 이는 하나의 책에 대해 공존하는 입장인 동시에 많은 책에 대한 양분되는 두 가지 태도입니다. 따라서 크게 두 부분으로 나누어 보아야 할 것입니다. 먼저 책 자체에 대한 기본 입장을 결정해야 합니다. 적이냐 친구냐 하는 두 가지 입장 가운데 하나를 택하는 것입니다. 이는 사실 의도적으로 나의 입장을 결정한다기보다는 책과의 대화 내지는 토론의 결과로 자연스럽게 형성됩니다. 세부적인 판단에서는 긍정과 부정이 정직하게 이루어져야 합니다. 하나의 책 안에서도 입장은 공존하게 마련입니다. 다시 말해서 친구에게도 다소간 흠이 있을 수밖에 없고, 적수에게도 일정한 공功이 있게 마련입니다. 그러니까 적이라도 인정할 것은 인정해야 옳고, 친구라도 지적할 것은 지적해야 하는 것이지요.

세르반테스는 '나쁜 책은 없다. 한 가지라도 좋은 점을 찾을 수 있다'라고 했는데 그보다는 '아무 결점도 찾을 수 없을 만큼 훌륭한 책은 없다'라고 하는 것이 더 나을 것이다.[21]

모티머 애들러가 독서의 기술의 세 번째 단계(수준)인 분석적 독서를 다룰 때에 한 말입니다. 저는 세르반테스의 태도가 선행되어야 모티머 애들러의 태도를 따라갈 수 있다고 봅니다. 책에 대한 매료가 책에 대한 반박에 앞서고, 논지에 대한 이해가 주장에 대한 비판에 선행하며, 저자에 대한 공감이 저자에 대한 공격을 예비합니다.

그렇기에 좋은 요약은 공정한 평가의 전제가 됩니다. 요약은 성실한 독서에 따른 이해의 결과요, 증거입니다. 요약이 서평의 본질은 아니지만, 요약 없이 서평을 작성할 수는 없습니다. 평가가 열차라면, 요약은 레일입니다. 따라서 평가 없는 서평은 공허하나, 요약 없는 서평은 맹목적입니다. 성실한 독서와 이를 통한 적절한 요약 다음에 나름의 평가가 따라야 합니다.

이미 말한 바와 같이 어떠한 책이 됐건 일정한 공과가 있기 마련입니다. 이 양면을 적절하게 드러내려면 그 책 속으로 들어가는 동시에 책에서 양가적 태도를 균형 있게 취해야 합니다. 무엇보다도 그 책에 들이댈 좋은 질문이 필요합니다. 독일의 실존주의 신학자이자 철학적 해석학자인 불트만은 「전제 없는 주석은 가능한가?」에서 다음과 같이 지적합니다.

> 주석자는 백지가 아니라, 특정한 질문이나 혹은 특정한 질문 제기의 방식을 가지고 텍스트에 접근하며, 나아가 텍스트에 관련된 주제에 대해 일정한 이해를 가지고 있기 때문이다.[22]

여기서 우리는 주석자(해석자)가 가지고 있는 다음의 요소를 알 수 있습니다. 바로 적절한 질문이지요. 질문이나 질문 제기의 방식, 주제에 대한 지식. 질문에 대한 답은 모두 여기에서 발견됩니다. 질문은 목적에 따라 나옵니다. 어떠한 목적으로 서평을 쓸지에 따라 질문이 떠오르게 됩니다. 질문 혹은 질문을 던지는 방식은 같습니다.

적절한 질문을 하려면 균형 감각과 해당 주제에 대한 충분한 지식이 필요합니다. 주제에 대한 지식이 얕고 좁다면 질문은 그만큼 부실해지겠지요. 기독교인이라 해도『성서』에 대한 지식이 부족하다면,『성서』에 대한 그의 질문은 함량 미달일 수밖에 없습니다. 좋은 질문을 하려면 공부해야 합니다. 실은 공부한 만큼, 충분한 선이해를 형성한 만큼 해당 책과 비판적 거리를 둘 수 있고 책의 맥락을 가늠할 수 있습니다. 요는 공부해야 한다는 것입니다. 그렇습니다. 서평을 쓰려면 공부해야 합니다.

서평의 요소

{ 6 요약 }

　서평의 핵심 요소는 요약과 평가입니다. 앞서 말했듯이 요약 없는 서평은 맹목적이고, 평가 없는 서평은 공허합니다. 맥락화에 기초한 평가가 없다면 서평은 의미가 없지만 그 평가의 근간에는 충실한 요약이 자리해야 합니다. 책에 대한 요약으로 통제되지 않는 평가는 목적지 없이 날아다니게 됩니다. 독자는 평가라는 이름의 건축물을 보지만, 그 건축물이 서 있는 토대는 요약입니다. 토대가 부실하면, 건축물은 무너지기 십상입니다.

서평의 토대

독서의 첫 결실 또한 평가가 아니라 요약입니다. 충실한 독자라면 모름지기 자기가 읽은 것을 간명하게 요약할 수 있어야 합니다. 책의 핵심을 명확하게 도출하고, 이를 바로 자기의 언어로 표현할 수 있어야 한다는 뜻입니다. 흰 건 종이요, 검은 건 글씨라는 식으로 아무 생각 없이 건성으로 책을 읽는다면, 읽은 부분을 말이나 글로 명쾌하게 정리할 수 없습니다. 누군가 책을 보고 있을 때에 제대로 읽고 있는지 알고 싶다면, 지금까지 읽은 부분을 정리할 수 있는지, 그리고 지금 읽는 부분이 무슨 의미인지를 설명할 수 있는지 물어보면 됩니다. 그렇게 질문하다 보면 다소 난감한 상황을 만날 수도 있습니다. 의외로 많은 독자가 책에 충분히 집중하지 못하고 있기 때문입니다.

독서하는 이라면 누구나 다 알고 있듯이 독서는 독자와 저자의 대화입니다. 올바른 대화는 서로 상대에게 최선을 다해야 합니다. 올바른 독서는 독자의 몰입을 요구합니다. 책에 충분히 집중해야 합니다.

서평 작성에는 지적 몰입과 정서적 몰입이 모두 필요하지만, 특히 전자가 중요합니다. 독후감에는 정서적 몰입이 더 중요합니다. 책에 지적으로 몰입하기 위해서는 무엇보다도 다루려는 책의 서론과 차례를 주의 깊게 살펴볼 필요가 있습니다. 이를 통해 책의 전체 구도와 흐름을 머리에 새기면 책을 읽을 때 수많은 문장과 문단 속에서 조금 덜 헤매게 되고, 조금 더 수월하게 맥락과 요지를 정리할 수 있습니다. 충실한 목차는 좋은 지도와 같은 구실을 합니다. 그렇기에 수시로 차례를 들춰 보면 좋습니다. 저는 육체의 피곤이나 마음의 근심, 핸드폰 문자 등으로 인해 집중이 약해지고 산만해질 때 차례로 돌아갑니다. 읽고 있는 본문의 맥락을 다시 파악하기 위해서입니다. 아무리 머릿속에 정리되어 있다 하더라도 지면에 인쇄된 목차를 보는 것과는 다릅니다.

각 장을 읽고 난 후에는 생각으로 혹은 기록으로 핵심을 정리하는 것이 좋습니다. 모든 독서에 그렇게 해야 하는 것은 아니지만 서평을 작성하려면 그렇게 하는 편이 유익합니다. 그리고 책을 다 읽고 나면 전체의 핵심을 정리해야 합니다. 목차를 앞에 펼쳐 놓고, 다른 이에게 장별로나 절별로 요지를 간결하게 설명할 수 있을 정도로 정리가 되면 좋습니다.

적어도 장별로는 정리해야 합니다. 그래야 나중에 서평을 쓸 때 어느 장을 넣고 뺄지 혹은 더 다루고 덜 다룰지 가늠할 수 있게 됩니다. 서평에 요약을 제시할 때에 모든 장을 동일한 비중으로 소개할 필요는 없습니다. 그러나 비평의 대상이 되는 부분에 대해서는 최소한의 정보를 제공해야 합니다.

서평에서 이렇게 책의 논지를 정리하려면 우선 범주와 장르 정의가 필요합니다. 지금 읽은 책이 어떤 범주에 들어가는지 원래 놓인 자리를 짚어야 합니다. 눈앞에 놓인 책이 문학책인지, 과학책인지, 문학이라면 시인지, 소설인지 분간해야 합니다. 소설과 르포를 혼동해서는 안 되는 것처럼요. 정확한 자리매김은 비평의 핵심에 속합니다. 앞서 '크리네인'에 대해 언급할 때 이야기한 것처럼, 정확하게 분류하고 구별하는 것이 비평입니다.

경우에 따라 이런 정의가 생각보다 어려울 수 있습니다. 세계적인 수준의 천재 물리학자로 명망이 높았던 고故 이휘소 박사의 사례를 봅시다. 대중에게 알려진 그는 영웅 서사의 주인공입니다. 그 서사 속에 박정희 대통령이 등장합니다. 나라의 안위를 걱정한 대통령은 핵폭탄을 만들어 국가의 안보를 지키고자 이휘소 박사에게 여러 통의 서한을 보내 귀국을 요청합니다.

이휘소는 고국에 돌아와 핵무기 제조에 나설 마음이 없었기에 대통령의 제안을 거절합니다. 그러나 조국의 처지에 대한 우려도 있던 까닭에 고민 끝에 핵무기 제조 원리를 담은 문서를 한국에 제공하기로 결정합니다. 그는 의사의 도움을 받아 이 문서를 자신의 다리 속에 넣은 채로 도쿄에 갑니다. 다시 은밀하게 청와대로 간 그는 대통령에게 이 문서를 전달합니다. 하지만 이로 인해 그는 암살당합니다. 고작 42세의 젊은 나이였고 이미 노벨상 수상이 유력

하던 상황이었지요.

이런 민족주의적 영웅상에 기반하여 소설이 출간되고 영화도 제작되었습니다. 그러나 왜곡된 민족주의적 색채가 덧입혀진 이런 천재 영웅상은 사실과 전혀 무관합니다. 이 이야기는 원래 시인 공석하의 소설 『핵물리학자 이휘소』에서 비롯되었습니다(나중에 『소설 이휘소』로 제목이 바뀌었고, 다시 『이휘소』로 변경되었습니다). 민족주의 이데올로기를 앞에 내건 소설가 김진명도 이 소설을 기반으로 하여 『무궁화꽃이 피었습니다』를 집필했고, 이 작품은 그의 출세작이 되었습니다.

공석하의 소설에 박정희가 이휘소에게 보냈다는 문제의 편지들이 등장합니다. 모두 공석하가 지어낸 것이지요. 하지만 사람들은 공석하의 소설을 이휘소 박사에 대한 전기처럼 받아들였습니다. 김진명의 소설도 거의 그렇게 수용되었고, 심지어 공석하의 소설보다 훨씬 더 많이 읽혔습니다. 이휘소에 대한 진실을 알고 싶다면, 이휘소의 제자 강주상이 쓴 『이휘소 평전』을 읽어 보기를 권합니다. 유명인에 대해 깊고 넓게 알고 싶을 경우에는 그의 생애와 사상을 객관적이고 심층적으로 다룬 평전을 읽는 것이 좋습니다. 물론 그런 평전이 출간되어 있다는 전제가 따라붙겠습니다만.

이런 상황에 분노한 유족은 급기야 고소장을 제출했고, 피고는 물론 공석하와 김진명이었습니다. 그러나 재판부

조차 피고의 손을 들어 주었습니다. 소설의 상당 부분이 허위라는 점을 인정하면서 '소설로 인해 망인의 명예가 더욱 높아졌으면 높아졌지 낮아진 건 아니라고 판단한다'라는 것이 판결문의 요지였습니다. 이러한 판결은 납득하기 어렵습니다. 사법부는 소설과 르포의 차이가 엄중하다는 사실을 간과하고 있거나, 제대로 몰랐던 것이겠지요.

독자 대중을 미혹하고, 이에 사법부마저 편승하게 만든 이 사기극은 하나의 코미디입니다. 이는 대중의 장르에 대한 이해 부족과 연결됩니다. 소설에서 주장하는 바를 있는 그대로 받아들이면 곤란합니다. 소설은 소설입니다. 오죽하면 팩션이라는 용어까지 등장했을까요. 팩션은 (역사)사실fact와 픽션fiction의 합성어로서 이 용어 자체가 소설의 허구성을 반증합니다. 소설과 평전은 명확히 구별된다는 점을 기억해야 덜 속게 됩니다.

범주와 장르에 대한 이해는 중요합니다. 각 장르는 나름의 해석 전략을 요구하기 때문에 서평에서 다룰 책의 장르를 명확히 하는 것이 더욱 중요합니다. 그 책의 대략적인 뜻과 세목별 개요는 이렇게 책의 자리를 짚어 준 다음에 제시해야 합니다. 범주를 지정하고 장르를 정의한 다음에는 반드시 요약이 필요합니다. 서평가 자신이 책 속에서 길을 잃지 않고 잠재 독자에게 평가의 기반을 제공해야 하기 때문입니다.

요약을 어느 정도의 분량으로 제시할지는 서평가의 자

유입니다. 서평가의 해석과 평가에 튼실한 기반을 제공할 수만 있다면 단 한 문장이 되었든, 서평의 거의 대부분을 차지하든 상관없습니다. 서평의 독자, 즉 서평이 다루는 책의 잠재 독자가 책의 요약을 기반으로 삼아서 서평가의 평가를 가늠할 수 있으면 되겠지요.

어떤 의미에서 보면, 요약 자체가 해석입니다. 해석은 해석자의 전망과 입장을 매개로 이루어집니다. 그렇기에 요약도 다양할 수밖에 없습니다. 요약의 정확성과 균형 감각은 분명하게 구별됩니다. 숙련된 독자의 눈에는 이것이 확연히 드러납니다.

경우에 따라서는 원저자 자신이 제공하는 요약조차 불완전하기도 합니다. 훌륭한 저자의 훌륭한 작품이라도 충분히 그럴 수 있습니다. 독자의 충실한 핵심 정리가 필요한 이유 가운데 하나입니다. 이상적으로는 저자의 정리를 독자가 보완할 수 있어야 합니다. 저자의 정리가 불완전하다면, 훌륭한 독자의 정리를 통해 완전해질 수 있을 겁니다. 앞서 말한 것처럼, 해석을 통해 책은 완전해집니다.

두말할 것도 없이 요약이 잘못되었다면, 잠재 독자를 호도하게 됩니다. 요약은 대단히 중요합니다. 그러므로 각 장마다 그 장의 핵심을 담은 문단이 어디인지를 명확하게 파악하고, 책에 계속 등장하는 주요 개념을 설명한 문장을 눈여겨봐 두어야 합니다. 인상적인 예시나 멋들어진 표현도 기록하면 좋습니다. 이 모든 것을 잘 버무려 서평이라는 그릇에 담아 잠재 독자라고 하는 고객에게 내놓아야 합니다.

이미 말했듯이 요약 없는 서평은 맹목적입니다. 서평의 기본 토대가 되는 요약이 어긋나면, 해석과 평가 또한 틀어질 수밖에 없습니다. 사실 책이 좋다면, 요약만 잘해도 잠재 독자를 사로잡을 수 있습니다. 다음에서 언급하겠지만, 다치바나 다카시가 잘하는 것이 바로 이러한 요약 서평입니다. 요약의 대상이 되는 책이 얼마나 매력적인지, 혹은 얼마나 깊이 있는지를 보여 줌으로써, 서평을 읽은 독자가 책을 읽기 위한 시간과 책을 사기 위한 비용을 지불하게 할 수 있습니다. 그러나 원칙적으로 보자면, 요약만으로는 서평이 될 수 없습니다.

요약은 서평이 아니다

그런 의미에서 한국의 독서가 사이에서도 잘 알려진 다치바나 다카시의 서평을 살펴보려 합니다. 『주간문춘』週刊文春에 연재한 그의 책 소개 글은 단행본으로 묶여 나왔고, 국내에도 『나는 이런 책을 읽어 왔다』나 『피가 되고 살이 되는 500권, 피도 살도 안되는 100권』 등이 번역 소개되었습니다. 『나는 이런 책을 읽어 왔다』에서 다치바나는 다음과 같이 말합니다.

나는 이 글을 이른바 서평을 위한 글로 집필하고 있지 않다. 왜냐하면 나는 책을 읽는 독자 입장에서 너무나 서평다운 서평을 그다지 좋아하지 않기 때문에, 나 역시 그런 글은 쓰고 싶지 않은 것이다.[23]

다치바나가 말하는 '너무나 서평다운 서평'이란 무엇일까요? "어떤 책에 대해 그 분야의 전문가가 아주 그럴듯한 평가를 뽐내듯 늘어놓는 글"입니다. 하지만 '그 분야의 전문가'가 서평을 쓰는 것은 사회적 봉사입니다. 그럴듯한 평가를 제공하는 것은 당연하지요. 그는 이런 글이 "쓸데없는 참견처럼 느껴진다"면서 "내가 서평을 통해 알고 싶은 것은 오로지 그 책이 읽을 만한 가치가 있는가에 관한 정보이다"라고 천명합니다.

심지어 "평가는 독자가 하는 것이니 불필요한 선입관을 심어 주지 않기 바란다"라고 말해 주고 싶다고 합니다. 그러나 다치바나 자신의 서평도 그러하듯이 서평이 독자에게 책에 대한 특정한 선입관을 주지 않을 방도는 없습니다. 독자는 서평을 읽기 전과 후가 달라집니다. 서평을 읽고 나면 그 책에 대해 기존에 없던 입장이 형성되거나 기존에 가졌던 입장이 전환됩니다. 서평이 독자에게 책에 대한 특정한 관점을 심어 주기 때문이지요. 서평이 제공한 관점 위에서 독자의 더 나은 평가, 즉 해석이 가능해집니다.

그렇다면 다치바나 다카시의 서평은 어떻게 봐야 할까요? 그것은 서'평'이 아닙니다. 그저 책 소개일 뿐이지요(물론 빼어난 소개 글입니다). 그는 책의 요약을 골간으로 하고, 이에 따라 책을 추천합니다. 그는 "◎○△× 등의 기호로 등급을 표시하는 것으로써 서평을 대신한다면 그보다 좋은 방법이 없을 것 같다고까지 생각한 적이 있다"라고 고백합니다. 책 소개에 다른 말을 덧붙이는 것에 대한 반감 때문입니다. '평'은 바로 서평자의 '참견'이니까요.

다치바나 다카시의 서평관觀은 그의 독서관에 기반을 둡니다. 그는 책을 친구가 아니라 도구로 대합니다. 그의 서평도 그런 관점을 반영하고 있습니다. 그는 매우 훌륭한 요약을 제공하는데 그것 또한 잠재 독자를 위한 서비스입니다. 물론 다치바나 다카시 자신은 지적 거인입니다. 그는 엄청난 독서로 하나의 경지를 이루었습니다. 하지만 지식에 대한 도구적 태도를 지향하는 대부분의 실용적 독서가는 대체로 독서의 깊이가 얕습니다. 그나마 독서의 폭은 비교적 넓을지도 모르지만, 피상적 안목으로 인해 섬세한 재구성을 거의 하지 못합니다. 반면 책을 도구가 아니라 친구로 대하는 태도를 취하는 독서가는 지식의 축적을 통한 현실적 성공을 지향하기보다 이해의 심화를 도모하는 가운데 인격의 성숙을 기대합니다.

서평은 책에 대한 평가를 내포하기에 깊은 독서를 통한 독자 자신의 해석과 이에 기인한 성찰을 담습니다. 반면 다치바나 다카시는 철저하게 책 자체의 정보에 집중합니다.

신변잡기적인 내용은 거의 없으며, 오로지 내가 권하는 책의 내용에 관한 정보만을 채워 넣는다. 그것도 될 수 있는 한 쓸데없는 것은 생략하고, 유효한 정보만을 압축하여 밀도 있게 채워 넣는다. 정보의 중심은 그 책이 읽을 만한 가치가 있는가 없는가, 읽을 가치가 있다면 어떤 점에서 가치가 있는가 하는 점이다. 나는 그것을 가능한 한 요약과 인용을 통해 책 자체로 말하는 스타일을 취하고 있다. 개인적인 비평적 코멘트는 될 수 있는 한 비중을 줄이고 있다. 따라서 나는 서평을 쓸 때 글을 써 내려가는 것의 몇 배나 되는 노력을, 소개하려는 책을 고르고 요약하고 인용하는 과정에 쏟아부었다.[24]

앞에서 계속 이야기한 것처럼, 서평의 본질은 평가에 있습니다. 이것은 서평이라는 단어 자체에서 나옵니다. 따라서 다치바나 다카시가 말하는 "비평적 코멘트"가 없다면, 그 글은 더 이상 서평이라고 부를 수 없다는 것이 저의 입장입니다. 정확하게 말하자면, 그런 글은 책 소개라고 봐야 하지 않을까요. 그럼에도 "책을 읽는 사람에게 그 책을 읽고 싶다는 기분이 들게 하여, 서점의 판매대에서 그 책을 발견하였을 때 펼쳐 보도록 하는데 있다"라고 하는 그의 의도를 염두에 둔다면, 다치바나 다카시의 글도 나름의 서평으로는 인정할 수 있습니다.

더욱이 "그 책을 사야겠다는 기분까지는 들게 하지 못하더라도 그 책이 어떤 책인가를 알려 주"려 하는 그의 배려 역시 그의 책 소개 글을 나름의 서평으로 인정할 수 있게 해 줍니다. 서평의 본질 이상으로 서평의 목적 또한 중요하기 때문입니다. 충분히 잘 작성된 요약만으로도 그 목적을 달성할 수 있다면, 서평의 정체성을 가지고 논쟁할 필요가 없을 겁니다. 그러나 서평에는 독자의 해석이 들어가야 합니다.

흥미롭게도 다치바나 다카시의 서평은 서평에 대한 그의 철학과 달리 곧잘 책에 대한 일정한 맥락 짓기를 시도하고 있습니다. 가령 『피가 되고 살이 되는 500권, 피도 살도 안되는 100권』을 보면, 주로 그 저자의 이전 저작이나 관련 저작과 연결해 논의합니다. 이런 연결은 다치바나 다카시 나름의 맥락화입니다. 이는 사실상 그의 주장과 다르게 실은 그가 서평을 쓰고 있다는 것을 보여 줍니다.

7
평가

평가의 의미

서평의 핵심은 '평'입니다. 이는 평가評價, 곧 값을 매기는 것입니다. 달리 말하면, 비교입니다. 비교란 다른 것과 견주어 가치를 매기는 거지요. 평가는 선택 그리고 옹호 혹은 배제입니다. 이렇게 견주고 매기려면 기준을 세워야 합니다.

평가를 다른 말로 표현한다면 '맥락화'입니다. 서평은 다루는 책의 맥락화에 다름 아닙니다. 내부 정합성을 논하는 것도 물론 평가의 하나입니다. 논리와 구조의 정합성은 기본 항목입니다. 그러나 저는 외부 맥락화를 더 중요하게 여깁니다. 이것을 값을 매기는 평가, 삶과 죽음이나 옳고 그름을 가리는 구별의 핵심으로 보기 때문입니다. 이러한 구별은 통시적이고 공시적인 다른 저작과 사상과 인물의 흐름 속에서 이루어집니다. 그 흐름과 맥락을 정확하게 파악하는 것이 필요합니다.

좋은 서평은 바른 맥락 속에 책을 자리매김합니다. 하나의 책을 다른 책과 연결해 특정한 자리를 찾아 주는 것이 서평의 역할입니다. 특정 분야의 서적에 대한 전문가의 서평을 배제해서는 안 되는 이유가 여기에 있습니다. 그렇기에 우리가 관심을 갖는 주제에 관련된 학회에서 정기적으로 발간하는 학술지의 리뷰와 서평 논문을 주목할 필요가 있습니다. 그 리뷰와 논문을 기고한 연구자는 자기 전문 분야의 맥락을 포괄적으로 파악하고 있다는 절대 강점을 지녔지요.

그러나 서평을 통해 특정한 서적을 계열화, 즉 맥락화하는 방식은 하나로 고정되지 않습니다. 하나의 책이 가진 의미론적 맥락을 풍부하게 만들기 위해서는 여러 서평이 필요합니다. 또한 하나의 책이 품고 있는 다양한 해석의 가능성에 따라서도 책이 다루는 전문 분야 안에서 여러 서평이 필요하지요. 이를 통해서 해석은 갈수록 예리하게 다듬어집니다. 모순되거나 상호 긴장 관계에 있는 해석을 통해 책의 의미론적 세계가 정련되는 것이지요.

프로이트의 『꿈의 해석』에 대해 서평을 쓴다면 자아 심리학자와 융 라인의 심층 심리학자 그리고 라캉주의 정신분석학자 등의 입장이 각각 다를 수밖에 없습니다. 인간의 심리를 연구하면서 서로 입장이 다른 각 연구자 사이의 논쟁은 『꿈의 해석』의 의미 세계를 정밀하게 다듬어 줍니다.

다른 한편으로는 특정 저작에 대한 여러 영역의 서평이 필요합니다. 이런 모습은 주로 특정한 영역을 넘어서 이미 다양한 분야에 영향을 주고 있는 고전에서 잘 드러납니다.

가령 플라톤의 『국가』는 철학, 정치학, 신학, 문학 등 여러 학문 분야에서 얼마든지 다양한 시각으로 접근할 수 있습니다. 각 분야에서 제출되는 서평은 해당 분야의 고유한 입장과 관점을 반영하기 때문에 당연히 다른 영역에서 나온 서평과 구별됩니다. 결과적으로 다른 분야에서 나온 서평들이 쌓여 가면서 『국가』 자체가 확장되는 것이지요. 이 두 가지 계열화 모두 변증법적으로 진전될 수밖에 없습니다. 전자를 통해 갈수록 섬세해지고, 후자를 통해 점차로 풍성해집니다. 하나의 책에 대한 서평이 다양한 것은 서평자의 관점과 입장과 수준이 다양하기 때문입니다.

중요한 점은 자신의 기준과 안목을 세우는 겁니다. 이를 튼실하게 세우지 못하면, 그저 단순한 촌평으로 일관하게 됩니다. 빼어난 재기로 이를 보완할 수도 있으나 하나의 서평집으로 묶어서 책을 낼 정도라면, 고유한 시각이나 일관된 입장 같은 것이 드러나야 옳습니다.

이러한 맥락에서 흥미로운 것은 시인이자 소설가에서 서평가로 자리매김한 장정일입니다. 장정일은 문학에서 인문, 사회과학으로 독서의 폭을 늘려 갔습니다. 실은 아예 독서의 초점을 옮긴 것으로 보입니다. 그 결과로 『장정일의 공부』라는 제목의 책을 내기에 이르렀습니다. '인문학 부활 프로젝트'라는 부제를 단 이 책은 홀로 공부한 결실입니다. 필경 독하게 공부한 결실이겠지요. 당시 그는 텔레비전에 나와서 이렇게 말했습니다.

공부만 하고 자기 입장이 없으면 그것은 그냥 사전 덩어리와 같은 것입니다. 또 공부는 하지 않는 상태에서 자기 입장만 가지게 되면 남과 소통할 수 없는 고집불통이나 도그마에 빠지게 될 것입니다. 공부해서 자기 입장을 만들고, 또 자기 입장을 깨기 위해 또 공부하고, 이런 것이 공부이고 그게 책 읽는 사람의 도리입니다.

이 말은 2007년 1월 8일 KBS 1TV에서 방영한 『TV, 책을 말하다』「세상의 무지에 맞서라 ─ 장정일의 공부」에서 '공부가 무엇이며, 어떻게 해야 하는가'라는 질문에 장정일이 한 답변입니다. 서평가로서 일가를 이룬 사람으로서 하는 말입니다. 그렇기에 귀를 기울여 들을 가치가 있습니다. 여기에서 그가 말하는 "입장"이라는 것이 바로 책의 평가를 위한 기준이고 관점입니다. 이러한 관점을 갖추려면 성실한 선행 독서가 필요합니다. 한편으로는 여러 분야에 걸쳐 두루두루 독서를 해야 하지요. 다른 한편으로는 서평의 대상이 자리한 맥락을 이해해야 합니다. 간단히 말하면, 세상의 지식 영역에 대해 가능한 한 넓게 알아야 하고, 서평의 대상이 자리한 영역에 대해 깊게 알아야 합니다.

전자와 후자는 서로의 토대가 됩니다. 한 측면에 대해 깊이 배워서 이를 통해 관점과 논리와 언어를 습득해야 다른 여러 측면으로 나아갈 수가 있습니다. 동시에 너른 이해의 토대가 깔려 있어야 특정한 이해의 건축물을 튼실하게 쌓아 올릴 수 있습니다. 진정한 제너럴리스트만이 스페셜리스트가 될 수 있고, 올바른 스페셜리스트만이 제너럴리스트가 될 수 있습니다. 그러므로 모든 서평가는 독서가입니다. 원칙적으로는 독서가일 때에만 서평가가 될 수 있습니다.

공시적 맥락화와 통시적 맥락화

우선 공시적 맥락화는 서평의 대상이 되는 책이 놓인 현재 맥락을 보여 줍니다. 좋은 서평을 쓰는 방법 가운데 하나가 책을 통해 세상을 읽어 내는 겁니다. 이는 최근에 집필된 책에만 적용되는 것이 아닙니다. 옛날에 쓰인 책이라도 지금 읽히는 맥락을 헤아려 볼 수 있습니다. 하필 제목을 왜 그렇게 달았는지 번역자와 출판사, 나아가 우리 사회에 물어볼 수도 있습니다. 서평가가 문화 평론가의 역할을 담당하는 셈입니다.

가령 출판 평론가 한기호의 서평을 보지요. 그는 『다독
다독』에서 "나는 책으로 세상의 흐름을 읽고자 노력합니
다"라고 말합니다. 실제로 그의 서평은 시대와 사회의 맥
락을 짚어 내는 데 누구보다도 탁월합니다. 출판 트렌드는
명백하게 동시대의 정황을 반영합니다. 그렇기에 출판 평
론가는 동시에 문화 평론가가 될 수밖에 없지요. 이런 맥
락에서는 서평가도 마찬가지입니다.

이렇게 공시적 맥락을 짚어 보는 것은 여러 책을 동시에
다룰 때 더 유용합니다. 가령 2014년 끝자락에 기시미 이
치로와 고가 후미다케가 함께 쓴 『미움받을 용기』가 출간
되어 주목을 받았습니다. 2015년에는 용기라는 제목을 단
책이 연이어 출간되어 역시 대체로 높은 판매고를 올렸지
요. 『가르칠 수 있는 용기』, 『나와 마주서는 용기』, 『버텨내
는 용기』, 『벼랑 끝에 서는 용기』, 『상처받을 용기』, 『인생
에 지지 않을 용기』, 『포기하는 용기』, 『1그램의 용기』 등
적잖은 책을 확인할 수 있습니다. 『미움받을 용기』의 흥행
에 편승하길 바라는 마음에서 용기라는 단어를 사용한 측
면도 있겠지만 우리 사회의 어떤 문제적 현상이 반영되었
다고 볼 수도 있습니다.

그렇다면 이 용기라는 키워드로 이 일련의 책에 대한 주
제 서평을 작성할 수 있습니다. 도대체 대중은 무엇 때문에
용기에 주목하게 된 것일까요, 혹은 용기를 갈구하게 된 것
일까요. 앞에서 언급한 출판 평론가 한기호는 이러한 출판

트렌드에서 한국 청년이 '사토리 세대'화한다는 흐름을 읽어 냈습니다. '사토리'さとり는 일본어로 득도得道를 뜻하며, 일본에서 '사토리 세대'는 사회가 덧씌우는 기대로부터 벗어나 무욕의 삶을 추구하는 청년 세대를 가리킵니다.

매체에 따라서는 사토리 세대를 달관 세대로 번역하여 소개하기도 했습니다. 그러나 한기호는 이를 달관 세대라기보다 절망 세대 혹은 체념 세대로 번역해야 옳다고 말합니다. 그가 보기에 현재 청년 세대가 달관한 모습을 보이는 것은 그저 달관한 척하는 위장일 뿐입니다. 더 이상 밝은 미래를 꿈꿀 수 없는 그들이기에 체념으로 반응할 수밖에 없습니다. 이러한 상황은 일본 청년만이 아니라 한국 청년의 모습이기도 하다는 거지요.

미래가 없는 그들을 우리는 연애와 결혼과 출산을 포기한 '3포 세대'나 여기에 더해 인간관계와 내 집 마련을 포기한 '5포 세대'라고 부르기도 합니다. 한기호는 심지어 꿈과 희망마저 포기한 '7포 세대'라는 신조어를 소개합니다. "상황이 이러니 미움을 받더라도 할 말을 하며 자신만의 자유롭고 행복한 삶을 살아가라며 '지금, 여기'에서의 확실한 삶을 강조하는 이 책들이 젊은이들에게 먹혀 드는 것이리라." 이 한 문장으로 그는 모든 책을 정리합니다.

이번에는 제가 쓴 글을 잠깐 언급해 보겠습니다. 2014년에 연달아 『자본론』관련 서적이 출간되었습니다. 살펴보니 6월 이후로 매달 출간되고 있었기에 이것을 소개하면 재미있겠다는 생각이 들었습니다. 일단 당시 출간 러시에 대한 다음의 소개를 보지요.

6월에는 와타나베 이타루의 『시골빵집에서 자본론을 굽다─천연균과 마르크스에서 찾은 진정한 삶의 가치와 노동의 의미』(더숲)와 프랜시스 윈의 『자본론 이펙트─자본주의 체제에 대한 냉철하고 뜨거운 분석』(세종서적). 7월에는 요한 모스트의 『자본과 노동─마르크스의 숨겨진 자본론 입문』(한울). 8월에는 김수행의 『자본론 공부─김수행 교수가 들려주는 자본 이야기』(돌베개)와 강신준의 『오늘 『자본』을 읽다』(길), 그리고 신승철의 『욕망 자본론─욕망의 눈으로 마르크스 자본론 다시 읽기』(알렙). 9월에는 황태연의 『21세기와 자본론─한국사회를 중심으로』(중원문화). 10월에는 양자오의 『자본론을 읽다─마르크스와 자본을 공부하는 이유』(유유). 11월에는 데이비드 하비의 『자본의 17가지 모순─이 시대 자본주의의 위기와 대안』(동녘)과 박세준의 『Why? 인문고전학습만화: 자본론』(예림당). 심지어 마지막 책은 만화이다! 실로 죽은 마르크스가 무덤에서 살아 돌아와 출판계를 뒤흔들고 있는 셈이다.[25]

이 글은 본격 서평이 아닙니다. 저는 그저 여기에 소개된 책들을 이렇게 단순하게 묶을 수도 있다는 것을 보여 주고 싶었을 뿐입니다. 저는 이 글에서 '그런데 왜 '지금' 『자본』

인가?'라는 질문을 던지고, 다음의 두 문장으로 간단하게 대답한 다음 부연했습니다. "새로운 정권이 들어선 지가 1년이 지나도 살림살이가 나아지기는 고사하고 갈수록 더 팍팍해지고 있기 때문이다. 이제야 우리 현실을 냉정하게 들여다볼 준비가 된 것이다."

이런 방식으로 쓰는 데 대단한 통찰이 필요하지는 않습니다. 여기에 소개된 두 편의 글에서는 누구나 떠올릴 만한 범박한 분석이 한두 문장으로 제시됩니다. 하지만 이러한 문장을 쓰기 위해서는 여러 책을 뒤적거려야 합니다. 더 많은 자료를 살펴보고 검토해야 공시적 맥락화를 위한 시야를 더 넓게 확대할 수 있습니다.

그러나 어떤 의미에서 더 중요한 것은 통시적 맥락화이겠지요. 역사적 맥락을 가리킵니다. 해당 도서가 자리한 학문 혹은 지식 체계의 역사 속에서, 또한 지성사 속에서 본다면, 새롭게 드러나는 의미가 있기 마련입니다. 가령 프린스턴대학교의 지성사 연구자 칼 쇼르스케의 『세기말 빈』의 4장 「프로이트의 『꿈의 해석』에 나오는 정치와 부친 살해」는 프로이트의 『꿈의 해석』에 대한 지성사적 서평입니다.

쇼르스케는 프로이트의 이 위대한 역작을 '세기말 빈'이라고 하는 특정한 시공간에 배치합니다. 프로이트를 그가 자리하는 세계 안에서 파악하는 겁니다. 쇼르스케는 우선 『꿈의 해석』 자체를 이중적으로 다룹니다. 그러니까 꿈의 분석을 다루면서 프로이트 자신의 정신 분석을 다루는 것이지요. 동시에 책 자체에 대해서도 메타적으로 접근합니다. 4장의 처음 두 문장은 이렇습니다.

『꿈의 해석』은 그 저자의 이성과 감정에서 특별한 위치를 차지했다. 프로이트는 그것을 자신의 업적 전체의 주춧돌이 되는 가장 중요한 과학적 작업이며, 개인적으로는 자기 자신이 고통스러운 삶을 새롭게 마주할 수 있는 힘의 근원을 명료하게 파악하게 해 준 저작으로 여겼다. 이 저작의 구조 자체가 이러한 이중적인 성격을 반영한다.[26]

『꿈의 해석』은 표면상 과학 논문의 형식을 취하지만, 이면으로 프로이트의 개인사를 서술하며 자아를 탐색합니다. 쇼르스케는 프로이트가 짜 놓은 구조를 성 아우구스티누스가 『고백록』을 『신국』에 엮어 넣는다거나 루소가 『고백록』을 『인간 불평등 기원론』의 부수적인 플롯에 통합시키는 것에 비견합니다. 이는 형식을 적절하게 맥락화하는 좋은 묘사입니다.

쇼르스케는 더 나아가 세기말 빈의 정치 맥락과 『꿈의 해석』에 등장하는 프로이트의 꿈을 연결합니다. 1898년 8월에 프로이트가 꾼 소위 '혁명적 꿈'을 통해서 쇼르스케는 그의 정치 도피 혹은 정치에 대한 복수를 살펴봅니다. "부친 살해가 권력 살해를 대체하고 정신 분석이 역사를 극복한다. 정치는 반反정치적 심리학에 의해 중립화된다."

짧지만 실로 세련된 정리가 아닙니까. 이러한 평가는 적절한 맥락화 속에서 가능합니다.

비교를 통한 맥락화

이제 맥락화와 관련하여 또 다른 사례를 살펴보겠습니다. 독특하게도 니체로 박사학위를 받은 사회학자 고병권은 2005년에 『화폐, 마법의 사중주』를 출간한 바 있습니다. 상당한 주목을 받은 이 책은 국내에서는 쉽게 찾아보기 어려운 화폐론 저작입니다. 당시에 이 책을 다룬 두 편의 서평이 나왔습니다. 한데 두 서평의 태도는 판이했습니다.

우선 『화폐, 마법의 사중주』의 적극적 측면에 좀 더 주목하는, 소장 문화 연구자 정정훈의 서평을 보지요. 그의 글은 일단 돈의 종교적 성격을 주목하며, 이를 인정하는 기존의 사상가들을 거론합니다. "맑스뿐만 아니라 짐멜이나 갈브레이스 혹은 밀튼 프리드만과 같은 학자들 역시 화폐의 종교적 성격을 이미 지적했다"[27]라고 말하고 심지어 마르크스는 "화폐를 '눈에 보이는 신'이라고 규정"하였고, "이 '눈에 보이는 신'은 지금 다른 어떤 종교의 신보다 더 사랑받고 숭배받는다"고 주장합니다. 그는 종교와 화폐의 놀라운 동형성을 보여 주며 이러한 맥락화를 통해서 『화폐, 마법의 사중주』가 기존 연구를 능가하는 지점을 드러냅니다. 정정훈은 이렇게 말합니다. "고병권은 『화폐, 마법의 사중주』에서 화폐에 대한 이러한 신앙을 의심하는 불손한 태도를 보인다. 그는 무신론자인 것이다." 돈에 대한 무신론자답게 그는 돈을 숭배하기보다 돈을 숭배하게 만드는 메커니즘을 규명하고자 합니다. 신앙에 헌신하기는커녕 신앙 작동의 기저를 분석하는 여느 무신론자처럼 말이지요.

중요한 것은 화폐가 종교의 문제라고 말하는 것이 아니라, "왜 우리는 그런 허구적 존재에 의존하지 않으면 안 되게 되었는가. 왜 우리는 삶의 조건으로서 그런 허구를 필요로 하게 되었는가. 무엇보다도 왜 우리는 그런 허구적 존재에 지배받고 있는가"를 해명하는 것이다. 『화폐, 마법의 사중주』는 이 질문에 답변하기 위해 쓰인 책이다.[28]

이 지점에 대한 규명이 『화폐, 마법의 사중주』의 가치를 증명합니다. 정정훈은 화폐의 종교성을 중심으로 화폐론의 이전 맥락을 제시하고, 그 안에 이 책을 자리매김함으로써 서평의 모범을 보여 줍니다.

반면 책을 비판하기 위해 맥락화를 활용하는 것도 가능합니다. 그런 의미에서 진보적인 사회학자인 중앙대학교 교수 백승욱의 서평은 특별히 주목할 만하지요. 그의 여러 서평이 학자로서 그의 성실한 모습을 반영하지만, 문제의 『화폐, 마법의 사중주』에 대한 그의 서평은 더욱 그렇습니다. 그는 이 책을 높이 평가합니다. 하지만 뒤이어 저자가 자주 인용하는 이론가의 논의를 중심으로 비판의 활을 겨냥합니다.

백승욱은 고병권의 책을 이렇게 판단합니다. "마르크스에 많이 의존하고 있음에도 질문 제기 방식이 '마르크스적'인가에 대해 쟁점을 남긴다. …… 저자는 조반니 아리기를 적지 않게 인용하지만 '아리기적'이지는 않은 것으로 보인다. …… 이 책이 전거하고 있는 많은 역사적 자료가 브로델이나 브로델의 영향하에 쓰인 글들이라고 할 때, 상업자본주의의 발생사를 강조하는 브로델은 저자의 논지전개에서 중요한 영향력을 행사하고 있는 것으로 보인다. 그렇지만 저자의 논지는 핵심적 측면에서 '브로델적'이지는 않은 것으로 보인다."[29]

맥락화는 이렇게 책의 긍정을 위해서나 비판을 위해서 모두 활용될 수 있습니다. 이는 곧 맥락화가 비교의 전제라는 뜻입니다. 『세기말 빈』과 『빈, 비트겐슈타인, 그 세기말의 풍경』을 같이 다루는 경성대학교 건축공학과 교수 강혁의 서평이 그런 사례입니다. 그는 서평의 앞부분에서 세기말 빈이라고 하는 시공간적 맥락과 그 안에서 발생한 어떤 사건에 대한 문제의식을 제시합니다. 간단히 말하면, 어떻게 그 많은 거장과 천재가 한 도시 안에서 단기간에 쏟아져 나올 수 있었느냐는 질문입니다. 저자는 자신의 전공을 십분 활용합니다. 이 서평은 다음과 같이 시작합니다. "지난해 초, 비엔나를 세 번째로 방문하면서 비로소 비트겐슈타인이 지은 그의 누나 집을 가 볼 기회가 있었다.”[30] 그는 건축공학자답게 세기말 빈이 낳은 불세출의 철학자 비트겐슈타인이 누나를 위해 지은 건축물을 소재로 이야기를 시작합니다(이 서평이 수록된 간행물이 『건축』이라는 대한건축학회 논문집입니다). 그가 누나를 위해 집을 지었다는 사실에 대해서 아는 이는 많지만, 다음과 같은 정보를 아는 이는 적을 것이고, 세기말 빈에 대한 자료에서 이러한 사실에 주목하는 이도 드물 겁니다.

비트겐슈타인은 건축에는 경험이 없었기 때문에 누군가의 도움이 필요했다. 그를 도와 그 집을 짓는 데 결정적인 도움을 준 이가 파울 엥겔만인데, 그는 우리가 잘 아는 아돌프 로스의 유일한 제자였다. 마르가르테 주택에서 어디까지가 엥겔만의 기여이고 어디까지 비트겐슈타인의 역할이 미쳤는지 알 수는 없지만, 그 집이 비트겐슈타인의 전기 철학과 무관하지 않은 것은 틀림없다.[31]

서평자는 이렇게 자신의 자리를 정확하게 찾아야 합니다. 이것이 좋은 서평을 쓰는 비결 가운데 하나입니다. 『세기말 빈』이나 『빈, 비트겐슈타인, 그 세기말의 풍경』에 대해 서평을 쓰려 할 때에 세기말 빈에 대한 선이해가 불충분하더라도 괜찮습니다. 그 대신 자신이 아는 것이 무엇인지를 숙고해야 합니다. 자신의 전문 분야나 최소한 어느 정도의 선이해가 있는 분야에 연루되어 있는 데부터 서평의 실마리를 찬찬히 풀어 나가면 되겠지요.

역시 비슷한 경우로, 가라타니 고진의 『은유로서의 건축』을 건축학과 교수가 서평의 대상으로 삼는 경우 역시 그러한 층위에서 접근하는 것이 당연합니다. 건축평론가가 쓴 서평과 해체주의자가 쓴 서평은 성격이 다를 수밖에 없습니다.

건축 평론가로서 날카로운 필력을 과시하는 경기대학교 교수 이종건의 서평은 '결론'이라는 제목을 달고 있는 1절에서 다음과 같이 말합니다. "이 책의 제언은 간결하다. 지식인의 역할은 세속적인 건축가가 되는 것, 바로 그것이다. 그러므로 우리가 가라타니 고진을 따라간다는 것은 그가 부여하는 '세속적'이라는 형용사와 '건축'이라는 명사의 뜻을 바로 새기는 것에 다름 아닐 것이다."[32] 여기에서 그가 건축이라는 단어에 천착하는 것은 건축 평론가라고 하는 그의 자리와 무관하지 않습니다. 서평은 이렇게 객관적인 만큼이나 주관적으로 읽고 쓰는 겁니다. 자신의 자리에 충실하게 문헌을 읽고, 단어를 가져오고, 논지를 새겨 읽으면 됩니다.

교토대학교 경제연구소 조교수로 있는 포스트 구조주의자 아사다 아키라는 같은 책의 서평에서 다음과 같이 말했습니다. "이처럼 가라타니 고진은 정연한 나무 모양의 체계를 끝까지 파고들어 마지막에 리좀 모양의 뒤섞임을 발견하려고 한다."[33] 그는 해체주의자답게 리좀이라는 단어를 강조합니다. 탈근대적이고 해체주의적인 입장을 견지하는 아사다 아키라는 가라타니 고진의 논의에 자신의 입장을 투영합니다. 패기 넘치는 젊은 평론가(책을 낼 당시에 스물일곱이었습니다)로서 가라타니 고진에 대한 글을 통해 자신의 입장을 담아낸 셈입니다.

이현우의 『아주 사적인 독서』는 이러한 맥락화를 전면 확대하여 책 한 권에 뚝심 있게 관철해 냈습니다. '욕망에 솔직해지는 고전읽기'라는 부제가 보여 주듯이 이 책은 욕망이라는 키워드로 일곱 권의 소설을 다룹니다. 고전 문학 읽기 강의를 원고화한 것이지만, 명확하게 서평의 본질에 부합합니다. 독서의 제안이기도 한 이 책은 그의 기준에 따르자면 비평이기도 합니다.

처음에는 어렵다고 생각할 수 있지만 길잡이가 될 만한 책을 읽고 도움을 얻게 되면 곧 스스로 책을 읽어 나갈 수 있습니다. 그리고 한 번 읽은 책이라도 다시 읽고서 새로운 발견을 하거나 더 깊은 이해에 도달할 수 있습니다. 이 책이 그런 자극과 도움이 될 수 있다면 저로선 최선의 결과라고 생각합니다.[34]

결국 일독을 권유하는 서평과 재독을 독려하는 비평의 차이가 생각만큼 명확하지 않은 셈입니다. 「서문」의 이 언급은 그 자신도 이 점을 어느 정도 인정하고 있음을 보여줍니다. 그렇다고 이현우의 분류법이 무의미하다는 말은 아닙니다. 서평 대상 및 목표에 관련하여 염두에 둘 만한 도식이기 때문이지요.

이현우는 앞부분의 세 권 『마담 보바리』, 『주홍 글자』, 『채털리 부인의 연인』으로 여자의 욕망을 다루고, 뒷부분의 네 권 『햄릿』, 『돈키호테』, 『파우스트』, 『석상 손님』으로 남자의 욕망을 다룹니다. 욕망을 통해 고전 문학을 맥락화하고, 성별에 따라 유형화합니다. 욕망이라는 키워드는 각 작품의 주인공 안에서 우리 자신을 발견할 수 있는 단초가 됩니다. 근대 러시아 문학 연구자답게 근대에 대한 그의 문제의식이 서평집 전체를 관통합니다.

이런 작품들을 읽으면서 우리는 각자가 자기 안의 햄릿과 돈키호테와 파우스트와 돈 후안을 발견할 수 있을 것입니다. 어쩌면 그 배합비율까지도 예민하게 의식할 수 있게 될지도 모릅니다. 그럴 수밖에 없는 것이 이 주인공들이 바로 근대인들의 전형적 초상이기도 하기 때문입니다. 사정이 그렇다면 이 작품들은 남들의 이야기가 아니라 나의 고뇌와 욕망과 광기와 탄식의 이야기입니다. 저는 그것이 고전이 갖는 현재성이라고 생각합니다.[35]

그러므로 『아주 사적인 독서』는 특정 장르 서평집인 동시에 저자의 일관된 문제의식을 가지고 작성한 일종의 주제 서평집이라 할 수 있습니다. 일곱 편의 문학 작품을 단일한 전망 아래 하나로 묶어서 다루고 있기 때문입니다. 이렇게 하나의 일관된 구조를 형성하려면 서평가 스스로 그 분야에 거시적 맥락을 구성할 수 있어야 합니다. 메타적 접근을 위해서는 단순히 책을 많이 읽는 수준을 넘어서 폭넓은 공부가 필요합니다.

현재 시중에 여러 서평집이 출간되어 있지만, 이렇게 거시적 맥락에서 일관된 구조를 건축한 서평집은 많지 않습니다. 다소 아쉬운 대목이지요. 그렇더라도 서평집은 독서가로 자처하는 이들의 역량을 담아낸 것인지라 대체로 읽어 볼 만합니다.

모든 서평집이 그런 체계적인 구성을 취해야 하는 것은 아닙니다. 그러한 서평집이 다른 서평집보다 더 우월하다고 단언할 수도 없습니다. 가령 치고 빠지는 재기가 돋보이는 서평집도 나름대로 훌륭한 의미가 있습니다. 물론 여기에도 저자의 일관된 안목이 담겨 있어야 맞습니다. 그런 의미에서 좋은 점수를 주고 싶은 책이 있습니다. 사이토 미나코의 『취미는 독서』입니다. 저자의 날카롭고 유머러스한 시야가 돋보이는 경쾌한 서평이 주를 이룹니다. 그러면서도 전체로 보면, '21세기 일본 베스트셀러의 6가지 유형을 분석하다!'라는 부제에 걸맞게 43권의 서적을 여섯 챕터로 분류한 구조가 드러납니다. 저자의 발랄한 재기는 알고 보면 이러한 구조적인 안목에 기반을 두고 나오는 겁니다.

책의 맨 앞에 실린 출판사 대표 한기호 소장의 소개 글 「들어가며―21세기 일본의 베스트셀러 여섯 유형」이 그 함의를 잘 드러냅니다. 이 소개 글도 책에 대한 요약과 평가를 오롯이 담은 엄연한 서평입니다. 그에 따르면, 일단 이 서평집의 대상 독자가 중요합니다.

이 책들의 핵심 독자는 단카이 세대다. 이들은 일본 패전 후인 1947―1949년 사이에 태어난 베이비붐 세대로 …… 책의 가치를 진작부터 깨닫고 책을 즐겼다. 일본의 문고시대, 신서시대를 연 장본인이다. 그리고 나이가 들자 읽기 쉬운 책 위주의 독서를 추구하고 있다.[36]

이러한 맥락에서 보면, 『취미는 독서』의 요지가 일이관지하게 해명됩니다. 겉보기에는 재기 어린 경쾌한 서평으로 보일 뿐이지만, 안에는 일관된 문제의식이 담겨 있습니다. 물론 베스트셀러의 유형을 분류하겠다고 하는 표면적 목표가 있지만, 실은 (일본을 주도적으로 움직이고 있는) 한 세대를 총체적으로 조망하겠다는 목표가 숨어 있는 셈입니다. 좋은 서평집이라면, 서평가의 이런 문제의식을 명확하게 드러내게 마련입니다.

맥락 파악으로서의 지적 교양

사실 이렇게 맥락을 읽어 내는 것은 일종의 교양입니다. 이와 관련하여 추천하고 싶은 책이 피에르 바야르의 『읽지 않은 책에 대해 말하는 법』입니다. 물론 문자 그대로 읽지 않은 책에 대해 말하는 법을 배우라는 뜻이 아닙니다. 읽지 않아도 그 책에 대해 말할 수 있을 만큼 그 책의 맥락을 읽어 낼 수 있는 방대한 도서관 혹은 인덱스가 내 안에 구축되어 있어야 한다는 것입니다. 엄청난 독서와 공부를 필요로 하는 일입니다.

서평을 제대로 쓰려면 모름지기 책을 완독해야 하겠지요. 여기에 책 자체를 다 읽고 이해하는 것만큼 책을 둘러싼 맥락을 이해하는 것 또한 중요합니다. 이와 관련하여 피에르 바야르의 『읽지 않은 책에 대해 말하는 법』을 꼭 읽어 보시기를 권합니다. 이 책은 교양의 정수를 보여 줍니다. 생각해 봅시다. 누구도 인류사에 존재하는 수많은 인문 서적을 모두 읽어 낼 수는 없습니다. 다니엘 키스의 『앨저넌에게 꽃을』의 주인공조차 불가능했고, 영화 『굿 윌 헌팅』의 주인공이라도 마찬가지입니다.

그렇기에 『몬테크리스토 백작』에서 주인공 에드몽 당테스의 스승 파리아 신부가 당테스에게 들려준 조언은 우리에게 중요한 시사점을 제공합니다. 이프 섬의 감옥에서 광인으로 통하던 파리아 신부는 몇 년에 걸쳐 탈옥을 기도하지만 선 하나를 잘못 그어 계산이 어긋난 바람에 실패합니다. 그의 방에서 파기 시작한 땅굴이 감옥의 바깥이 아니라 그만 당테스의 방으로 연결되고 말았던 겁니다. 좌절하고 낙심한 그는 당테스와 교류하며 낙을 찾게 됩니다. 자유 대신 제자를 얻은 셈이지요.

파리아 신부는 당테스에게 자신이 감옥에서 『이탈리아의 통일 왕국 건설 가능성에 관해서』라는 제목의 책을 썼다고 말합니다. 그 책에 관련하여 당테스는 펜과 잉크, 종이, 활용할 자료를 어떻게 구했는지 묻습니다. 파리스 신부는 셔츠 두 장을 종이 대신으로 삼고, 펜은 대구 대가리의 연골로 만들고, 잉크는 그을음을 포도주에 섞어서 녹여 만들고, 강조할 부분은 손가락을 찔러 피로 썼다고 대답합니다. 그리고 자료에 대해서는 이렇게 언급합니다.

로마에서는 서재에 오천 권 가까이 책을 가지고 있었지. 그것들을 읽고 또 읽는 동안에 정성 들여 가려낸 백오십 권의 책만 있으면, 그것이 비록 인간의 지식을 완전히 요약한 것이라곤 할 수 없더라도, 적어도 인간이 알아야 할 만한 것은 모두 얻을 수 있다는 것을 알게 됐지. 그래서 나는 삼 년 동안 그 백오십 권의 책만을 자꾸 되풀이해서 읽었네. 그래서 내가 체포됐을 당시엔 그 책들을 거의 다 외고 있었으니까. 감옥에 들어와선 기억력을 더듬어서 그것들을 완전히 생각해 낼 수가 있었지. 지금이라도 투키디데스, 크세노폰, 플루

타르코스, 티투스, 리비우스, 타키투스, 스트라다, 요르난데스, 단테, 몽테뉴, 셰익스피어, 스피노자, 마키아벨리, 보쉬에 같은 건 암송해서 들려줄 수 있네. 지금 열거한 이름들은 그중에서 가장 중요한 것들만 뽑은 거야.[37]

파리스 신부는 맥락 파악을 위한 핵심 교양을 제공합니다. 그리고 훌륭한 서평은 이러한 핵심 교양을 지향합니다. 원론적인 이야기이지만, 최소한 모든 서평가가 지향해야 할 목표이기도 합니다. 훌륭한 서평가는 모두 교양인입니다. 또한 자신이 생각하는 핵심 교양을 널리 전파하려고 하는 운동가이기도 합니다.

이 모든 것에 더해 서평가가 명심해야 할 한 가지는 자신의 중심을 잡는 일입니다. 자기 자신만의 해석학의 기둥을 세워야 한다는 뜻입니다. 가령 안토니오 네그리와 마이클 하트의 『제국』에 대한 서평에서 백승욱은 세계체제론자로서의 입장을 명확하게 밝힙니다.[38] 훌륭한 서평가는 이와 같이 자신의 해석학적 입장을 분명하게 정립하고 있어야 합니다.

평가의 요소

평가의 본질 자체는 매우 단순합니다. 비교를 통한 맥락화이지요. 그러나 이를 위해서 실제로 따져 보아야 할 세부적인 평가 항목은 다양합니다. 당장 책의 제목과 목차부터 시작해야 합니다. 책을 구성하는 형식이나 주요한 논지, 이를 떠받치는 논거 등 책의 모든 것이 평가의 대상입니다.

독자를 뒤흔드는 문제적인 책일수록 다룰 것이 더 많아집니다. 이는 좋은 의미로건, 나쁜 의미로건 매한가지입니다. 하나의 서평에서 이 모두를 다루기는 어렵습니다. 열심히 읽고 숙고하다 보면 서평을 쓸 때 내용을 덜어 내는 것이 외려 일이 됩니다. 선택과 배제가 필요하다는 뜻이지요.

제목의 의미

책의 제목을 눈여겨봅시다! 모든 서평에서 제목을 다룰 필요는 없지만, 책을 조감할 때는 제목을 우선 살펴봐야 합니다. 독일의 해석학적 철학자인 한스 게오르그 가다머의 『진리와 방법』을 읽을 때 우리는 진리와 방법을 병치시키는 저자의 의도에 주목하지 않을 수 없습니다. 20세기 독일을 대표하는 실존주의 철학자 하이데거의 가장 명민

한 제자로 꼽히는 가다머가 예순 살에 내놓은 회심의 역작이기에 그 제목의 함의는 숙고할 가치가 있지요.

제목만 보면 이 책은 진리에 이르는 방법을 다루는 것으로 읽히기 십상입니다. 그러나 진실은 그 반대입니다. 독문학 연구자인 서울대학교 교수 안성찬은 『진리와 방법』을 중심으로 가다머에 대해 글을 쓰면서 다음과 같이 지적했습니다. "그의 저서의 제목인 『진리와 방법』은 진리와 방법이 상호적인 것이 아니라 서로 대립적임을 뜻한다."[39] 가다머에 따르면, 객관성에 도달하기 위한 자연 과학의 보편타당한 방법론은 정신과학, 즉 인문학의 진리 탐구에 부합하지 않습니다. 간단히 말하자면, 진리에 이르기 위한 고유의 과학적 방법은 없다는 것입니다. 그러므로 이 책의 서평을 쓸 때는 마땅히 그 제목의 함의를 적절하게 언급해야 하겠지요. 제목만으로는 잠재 독자가 호도되기 쉽기 때문입니다. 좋은 서평은 이런 점에서 적절한 정보를 주어 독자를 바른 길로 이끌어야 합니다.

『진리와 방법』의 사례가 다소 거창하다면, 좀 더 평이하게 소설 하나를 가지고 살펴볼까요? 대하소설 『태백산맥』으로 유명한 소설가 조정래가 쓴 『정글만리』가 좋겠습니다. 이 책은 출간된 그해 12월 10일에 누적 판매 부수 1백만 부를 돌파했습니다. 판매 부수만으로도 주목할 가치가 있는 책입니다. 그런데 여기에서 '정글만리'는 무엇을 의미할까요? 이에 대해 출판 평론가 한기호는 다음과 같이 언급합니다.

'정글만리'는 약육강식과 적자생존이 원칙인 '정글'과 만리 장성의 '만리'에서 온 것으로 중국의 현주소를 상징합니다. 제목이 암시하는 것처럼 이 소설은 세계 경제의 중심으로 자리 잡은 14억 인구의 중국을 무대로 한국, 중국, 일본, 미국, 프랑스 등 다섯 나라의 비즈니스맨들이 벌이는 숨 막히는 경제전쟁의 현장을 흥미진진하게 그리고 있습니다.[40]

이 부분은 '『정글만리』와 경제위기'라는 제목의 칼럼에서 『정글만리』에 대한 소개를 바로 뒤이은 설명입니다. 이러한 작업은 간단하게 보이고, 사실 간단한 편입니다. 그러나 서평 작성에서 매우 중요한 항목 가운데 하나이기도 합니다. 왜 그럴까요? 지금 보듯이 제목은 대체로 책이 다루는 내용의 정수를 담고 있기 때문입니다. 그 점을 풀어서 보여 주는 것이 서평의 역할 중 하나입니다.

논지를 끌고 가기 위해 제목으로 하나의 좌표를 설정하는 경우도 있습니다. 러시아 출신의 영국 자유주의 철학자 이사야 벌린이 집필한 『고슴도치와 여우』가 좋은 사례입니다. 내용을 보면, 톨스토이의 작품에 대한 문학 평론입니다. 그런데 '고슴도치와 여우'라고 하는 기이한 제목을 달았습니다. 대체 이 제목은 톨스토이와 무슨 상관이 있을까요?

이 제목은 비판과 풍자에 능란했던 고대 그리스의 서정 시인 아르킬로코스로부터 연원합니다. "여우는 많은 것을 알고 있지만, 고슴도치는 하나의 큰 것을 알고 있다." 이를 제너럴리스트(여우)와 스페셜리스트(고슴도치)로 봐도 무방합니다. 벌린은 이 표현에서 인간 유형론을 도출해 내고, 이에 비추어 톨스토이를 조망합니다. 그에 따르면, 톨스토이는 고슴도치처럼 보이려 했던 여우입니다. 다소 길지만, 제목에 대한 저자의 설명을 직접 들어 보겠습니다.

그리스의 시인 아르킬로코스는 "여우는 많은 것을 알고 있지만 고슴도치는 하나의 큰 것을 알고 있다"라고 말했다. 학자마다 해석이 다를 정도로 모호한 말이긴 하지만 여우가 온갖 교활한 꾀를 부려도 고슴도치의 한 가지 확실한 호신법을 이겨 낼 수 없다는 뜻으로 풀이된다. 그러나 상징적인 관점에서 접근할 때, 이 말은 작가와 사상가를 구분 짓는 가장 큰 차이, 넓게 말하면 인간 간의 차이를 뜻하는 것으로 해석할 수 있다.

인간은 크게 두 부류로 나뉜다. 한 부류는 모든 것을 하나의 핵심적인 비전, 즉 명료하고 일관된 하나의 시스템과 연관시키는 사람들이다. 그들에게 이런 시스템은 모든 것을 조직화하는 하나의 보편 원리이다. 따라서 그들은 이런 시스템에 근거해서 모든 것을 이해하고 생각하며 느낀다.

다른 한 부류는 다양한 목표를 추구하는 사람들이다. 이 목표들은 흔히 서로 관계가 없으며 때로는 모순되기도 한다. 물론 심리적이고 생리적인 이유에서 실제로 존재하는 관계 이지만 도덕적이고 미학적 원리에 근거한 관계는 아니다. 이런 사람들은 적극적인 삶을 살아가고 행동 지향적이며, 생각의 방향을 좁혀가기보다는 확산시키는 경향을 띤다.

따라서 그들의 생각은 산만하고 분산적이다. 또한 다양한 면을 다루면서 아주 다채로운 경험과 대상의 본질을 포착해 나간다. 그러나 그들은 그렇게 찾아낸 본질을 받아들일 뿐, 모든 것을 포괄하고 결코 변하지 않는 하나의 비전에 그들 자신을 맞춰가려고 애쓰지 않는다. 이런 비전은 간혹 자기 모순적이고 불완전하며 때로는 광적인 경향을 띤다.[41]

번역서의 경우, 우리말의 제목 번역이 미묘할 때가 있습니다. 그러므로 원저의 제목을 어떻게 바꾸었는지를 점검해 볼 필요가 있습니다. 『보보스』로 유명한 공화당 계열 칼럼니스트 데이비드 브룩스의 후속작 『보보스는 파라다이스에 산다』는 책의 제목을 부정확하게 옮긴 사례입니다. 이 책은 본문 번역도 아쉬웠지만, 원저의 내용과 무관한 제목과 목차를 단 것이 가장 큰 문제였습니다.

저는 졸저 『거대한 사기극』의 프롤로그에서 『보보스는 파라다이스에 산다』에 대해 "미국의 자조 철학을 가장 매력적으로 표현한 책"으로 평가했습니다. 두 쪽에 걸쳐서 서평을 제시했는데, 우선 이 책의 초점이 "보보스로 대표

되는 상류층이 아니라 중산층에 맞춰져 있다"는 것을 지적하고, "중산층의 삶의 세계를 중심으로 미국의 정신과 문화를 조감하고 있다"는 점을 부연했습니다.[42]

여기에서 낙원paradise은 미국을 가리키며, 이 키워드를 통해 『보보스』와 연결됩니다. 사실 『보보스』의 원제목은 'Bobos in Paradise – The New Upper Class and How They Got There'입니다. 『보보스』의 낙원은 미국의 지배층이 살아가는 현실인 반면 『보보스는 파라다이스에 산다』의 낙원은 미국의 중산층이 추구하는 목표입니다. 보보스는 이미 낙원에 머무르고 있고, 중산층은 아직 들어가지 못한 낙원을 갈망합니다. 그러니까 원제 'On Paradise Drive'를 '보보스는 파라다이스에 산다'라고 번역한 것은 완전히 오역입니다. 나아가 실은 이 번역이야말로 『보보스』의 원래 제목입니다. 그래서 저는 각주로 번역서의 제목과 부제, 목차에 문제를 제기했습니다. 번역서의 제목은 『보보스는 파라다이스에 산다』인 데다 부제는 '보보스는 어떻게 세계 경제·사회·문화 혁명을 이끌고 있는가'입니다. 더욱이 목차에는 보보스라는 단어가 수시로 등장합니다. 이는 『보보스』의 눈부신 성공에 기대려는 의도로 보입니다. 만일 제가 『보보스는 파라다이스에 산다』로 서평을 쓴다면, 이를 서평의 앞부분에 배치해 바로 핵심으로 들어갈 겁니다.

이렇게 원서의 제목을 다시 확인하고, 설명과 해석을 달아 주는 것도 서평이 감당해야 하는 역할 중의 하나입니다. 그러한 맥락에서 칼 마르크스의 『자본론 범죄』의 경우도 생각해 볼 만합니다. 이 책의 원제는 독일어로 'Das Kapitalverbrechen'입니다. 독일어 'das'는 영어의 'the'에 상응하는 정관사이고, 'Kapitalverbrechen'은 사형 판결을 받을 정도의 중죄重罪를 의미하는데 뒤쪽의 'verbrechen'은 범죄를 뜻하고, 그 앞에 붙은 'kapital'은 '크다, 중요하다'라는 뜻의 형용사이지요. 하지만 'kapital'은 명사가 되면 '자본'을 가리키고, 『자본론』을 뜻하기도 합니다. 번역본은 제목을 이중 의미로 새겨 읽은 셈입니다. 이 소설은 후에 『마르크스 죽이기』라는 제목으로 재출간되었으나, 현재는 절판된 상태입니다. 저자는 『자본론』의 그 저자가 아닙니다. 이 책의 저자에 대한 공식 소개는 다음과 같습니다. "1990년부터 7년간 출판사 구매 책임자로 재직했고, 오스트리아 빈에서 살며 활발한 저작 활동을 하고 있다."

목차의 분석

목차는 서론과 더불어 책의 핵심을 보여 줍니다. 책을 읽을지 말지를 결정하려면 이 두 부분을 반드시 읽어야 합니다. 서평을 쓸 때 다시 확인해야 하는 부분이기도 합니다. 목차를 통해 책의 구조를 파악하고, 그 구조가 얼마나 잘 짜였는지 평가해야 합니다. 당장 서점에 가서 여러 신간

서적을 열어 보세요. 적잖은 책의 목차가 불완전하다는 것을 알게 될 겁니다. 그걸 글로 담아내는 순간, 이미 서평이 시작되는 것이지요.

고재학의 『절벽사회』에 대해 서평을 쓴 적이 있습니다. 인구, 일자리, 재벌, 교육, 취업, 임금, 금융, 창업, 주거 등 아홉 가지로 제시한 사회적 절벽으로 책의 내용을 이룹니다. 저는 공시적인 그의 진단을 하나의 흐름으로 묶기 어렵다고 보았습니다. 목차에 드러나는 저자의 분석은 유기적으로 조화를 이루지 않고, 단편적으로 떠돌고 있었습니다. 이에 저는 나름의 방식으로 그의 논지를 재구성했습니다.

이제 나는 저자의 논의를 이어받아 다시 간결하게 이야기해 보려 한다. 내가 보기에 우리 사회의 절벽은 세대별로 갈린다. 따라서 주제별로 절벽을 다룬 저자와 달리 나는 세대별로 재구성하겠다. 이렇게 할 때에 하나의 그림을 그릴 수 있다고 본다. 생애 주기를 따라 하나의 시간선 위에 교육, 취업, 결혼, 주거 등의 여러 절벽들을 배열할 수 있을 것이다.[43]

주제별로 다루었다는 말은 단편적으로 나열되었다는 말을 온건하게 표현한 겁니다(주제별 구성 자체가 잘못된 방식은 아닙니다). 저는 서평을 통해 저자의 공시적 구성을 통시적 구조로 재구성했습니다. 생애 주기를 따라 배열한 이러한 재구성은 물론 제 나름으로 책을 읽은 결과입니다.

하지만 애초에 목차를 들여다볼 때 어느 정도 그러한 판단이 가능했습니다.

목차는 독서의 시작점이자, 동시에 서평에서 평가의 시작점입니다. 따라서 서평을 작성하려면 목차부터 정밀하게 읽어야 합니다. 목차에 대한 점검 과정에서 책의 핵심이 어느 정도는 포착되어야 합니다. 정상적인 경우에, 목차가 곧 책의 조감도이자 설계도이기 때문입니다. 목차가 틀어지면, 책 자체가 틀어집니다. 서평에서 목차와 이를 통해 드러나는 구성을 재구성해 그 목차가 담긴 책의 이해를 새롭게 할 수도 있습니다.

문체 이해

"문체가 곧 사람이다." 18세기의 박물학자 뷔퐁이 아카데미 프랑세즈 입회 연설에서 한 말로 알려져 있습니다. 낭만주의적인 주장이지만, 저는 어느 정도 수긍합니다. 문체가 저자의 개성이라고 생각합니다. 어디까지나 부분적으로 해당할 뿐이겠지만, 의외로 잘 들어맞는 듯합니다.

서평을 쓰는 데 간단하면서도 유용한 질문이 하나 있습니다. '서평에서 다루는 책이 과연 얼마나 어려운가?' 서평자의 역량에 따라 문체부터 세밀한 측면까지 다룰 수도 있겠지만, 이 질문은 누구나 던질 수 있습니다. 여기에서 묻는 것은 사상의 난해함이 아니라, 문체의 난해함입니다.

독일 철학, 특히 헤겔 철학의 전문가인 월터 카우프만은 문체의 난해함을 인격의 얄팍함으로 해석합니다. 문체가 곧 사람이라는 뷔퐁의 주장을 인격이 문체로 드러난다고 해석하는 겁니다. 그에 따르면 모호한 문체는 부실한 인격을 반영합니다. 그런 작가는 논의에 어려움이 발생하면 정직한 태도로 돌파하기보다는 난해한 문체로 회피한다는 겁니다. 카우프만은 이러한 관점에 비추어 칸트를 긍정하고, 헤겔을 비판합니다.

비슷하게 이론의 현란함이 실은 이론적 역량의 한계를 가리는 위장이라는 주장도 있습니다. 가령 신자유주의의 창시자 프리드리히 폰 하이에크는 논리적으로 해결이 어려우면 다른 이론이나 논의로 넘어간다는 평가를 받습니다. 가야트리 스피박 또한 해체주의와 페미니즘, 마르크스주의와 포스트식민주의 등 여러 이론 체계를 쓰고 있으나, 이 또한 하이에크와 비슷하다고 평가됩니다.

따라서 책이 어렵고 현란할 때, 독자는 자신의 능력을 반성하는 만큼이나 저자의 능력을 의심할 필요가 있습니다. 첫째, 저자는 해당 주제를 정확하게 이해했는가? 얼마나 넓게 혹은 깊게 공부했는가? 둘째, 저자는 책에서 그 주제를 얼마나 명료하게 설명하는가? 핵심을 명쾌하게 전달하고 있는가? 저자 자신의 언어로 풀어서 설명하는가? 이렇게 따져 본 내용이 그대로 서평이 되는 것입니다.

C. 라이트 밀즈는 『사회학적 상상력』을 통해 당시 미국

사회학계를 주름잡던 파슨스의 저작을 공격하는데 그가 비판하는 핵심 항목 가운데 쓸데없이 말을 늘리고 어렵게 한다는 점이 들어갑니다. 그리고 직접 파슨스의 말을 간단명료하게 축약합니다. 우리도 역시 서평을 통해 쓸데없이 말을 늘리고 난삽하게 하며 독자에게 덧없는 부담을 안겨 주는 책들에 대해 얼마든지 따질 수 있습니다. 저자의 준비가 미진하면, 글은 어려워지게 마련입니다.

지극히 당연한 말이지만, 난해함의 책임을 저자에게 모두 지워서는 안 됩니다. 이 난해함이 저자에게서 오는지 나 자신에게서 오는지 살피고, 나의 한계는 관련 지식의 한계인지, 독해 능력의 한계인지도 관찰해야 하지요. 독서는 저자와 독자의 대등한 대화입니다. 따라서 독자 역시 나름의 준비가 되어야 합니다. 더욱이 내용이 심오하기에 어쩔 수 없이 문체가 난해해지는 경우도 드물지 않습니다. 이럴 때는 독자가 그만한 짐을 져야 합니다.

그러한 면에서 주목해야 할 대표적인 사례가 앨런 소칼과 장 브리크몽의 『지적 사기』입니다. 부제 '포스트모던 사상가들은 과학을 어떻게 남용했는가'가 보여 주듯이 주로 자크 라캉, 줄리아 크리스테바, 뤼스 이리가레이, 장 보드리야르, 질 들뢰즈, 펠릭스 가타리 같은 프랑스 사상가를 중심으로 현대 철학 서적을 비판합니다. 서평집에 가까운 이 책의 요지를 간단하게 말하면, 그 책들이 말하는 바를 이해할 수 없다는 겁니다. 원제가 'Fashionable

Nonsense'(유행하는 무의미)입니다. 이 무의미의 원산지는 물론 프랑스 사상계입니다.

『지적 사기』에 대한 저의 입장은 부정적입니다. 현대 철학자(포스트모던 사상가)가 쓴 책을 이해하지 못한 책임을 스스로 지지 않고, 철학자에게 떠넘기고 있기 때문입니다. 심지어 그러한 적반하장의 입장을 증명하기 위해 일종의 서평집까지 냈지요. 이 책에 부정적인 입장인 푸코와 들뢰즈 전문가 이정우는 『시간의 지도리에 서서』의 4장 「고발」에 『지적 사기』에 대한 비판을 목적으로 하는 서평을 수록했습니다.

서평의 제목은 '3류 물리학자의 국제 사기극: 소칼의 '지적 사기'에 대하여'입니다. 이 제목은 다소 부당한 감이 있습니다. 소칼은 수학으로 박사 학위를 받고 뉴욕대학교 물리학과에 재직하는 일류 물리학자이기 때문입니다. 하지만 그가 프랑스 사상을 제대로 이해하지 못했다는 사실은 분명하고, 이정우의 서평은 이를 날카롭게 규명합니다. 소칼의 『지적 사기』가 일종의 나쁜 서평집의 한 사례라면, 이정우의 '고발'은 좋은 서평의 한 사례일 겁니다.

그런데 여기에는 황당한 배경이 있습니다. 원래 소칼은 『소셜 텍스트』Social Text라는 논문집 1996년 봄/여름호에 「경계의 침범: 양자중력의 변형해석학을 위하여」라는 논문을 기고했습니다. 그다음에 자신의 이 논문이 실은 엉터리라는 것을 공개적으로 터뜨려 버렸지요. 미국 학계가 발각 뒤집혔음은 두말할 나위가 없을 것입니다. 이 사건이 드러내는 사실은 프랑스 사상이 말이 안 된다는 것이 아니라, 미국 학계가 프랑스 사상을 탈맥락적으로, 그러니까 제멋대로 수용하고 있다는 것입니다. 무슨 말인지도 모르면서 쓰고 있더라는 것이지요.

이와는 반대가 되는 예외적 경우를 언급하지 않을 수 없습니다. 그 사상의 (적어도 그 당대에서는) 낯섦과 새로움으로 인해 독서가 어려워질 수도 있지만, 명료한 문체가 외려 독자를 호도할 수 있다는 판단으로 문체를 난해하게 설정하는 경우가 있습니다. 난해한 문체를 매개로 독자를 새로운 사유에 입문하게 만들려는 겁니다. 가령 테오도르 아도르노의 『부정변증법』이나 (국내에는 극히 일부분만 번역 소개된) 라캉의 『에크리』가 그 좋은 사례일 겁니다.

『에크리』의 난해한 문체는 극악한 수준입니다. 무의식이 작용하는 방식처럼 글을 쓰기 원했던 라캉의 의도 탓이지요. 프랑스에서 라캉 연구로 학위를 취득한 건국대학교 교수 김석은 자신의 『에크리』 해설서에서 라캉의 문체에 대한 악명을 익히 들어 알고 있었음에도 결국 그 또한 여러 번 책을 덮어야 했다고 밝히고 있습니다. 오죽하면 라캉 스스로 『에크리』를 읽을 수 없는 책이라고 평가했을까요.

『에크리』는 독자를 함정에 빠뜨리고 엉뚱한 길로 빠지게 만드는 덫으로 가득한 책이다. 보통 텍스트를 읽는 독자는 저자의 의도와 핵심 개념 및 텍스트의 구조를 분석하고자 애쓰지만, 라캉이 노리는 것은 마치 소크라테스의 질문들처럼 텍스트가 독자에게 남기는 사후적 흔적과 의미의 분산 효과들 자체이기 때문이다. 언어의 의미가 명쾌하고 자명하게 전달될 수 있다는 것을 라캉은 믿지 않았다. 라캉의 글이 어렵다는 말은 문자적인 해독 가능성을 말하는 게 아니다. 오히려 읽으면 읽을수록 그 뜻이 모호해지는 것이 『에크리』라는 건축물을 만든 라캉의 숨은 의도라고 보면 된다.[44]

이런 의도로 난해함을 택한 책들이 있습니다. 따라서 어렵다는 이유만으로 마냥 나쁜 책으로 치부할 수는 없습니다. 하지만 어렵다고 하여 질이 좋거나 수준 높은 책이라는 말도 아닙니다. 난해한 문체에 현혹되지 말아야 합니다. 문체와 내용의 관계를 잘 살펴야 합니다. 또한 문체와 독자 자신의 관계도 검토해 보아야 합니다. 그 책의 난해함을 과감하게 비판하되, 자기 자신의 미숙도 냉정하게 성찰할 수 있어야 합니다.

번역서일 때는 문제가 복잡해집니다. 문장이 난해할 경우에 주된 원인이 저자인지, 역자인지 아니면 독자 자신인지 따져 보아야 합니다. 이 세 가지에 모두 해당할 수도 있습니다.

특정 분야에서 높이 평가되는 중요한 저작이지만, 번역 상태가 좋지 않을 경우에 어떻게 해야 할까요? 서평을 통해 번역의 중요한 오류를 바로잡아, 잠재 독자가 겪을 수 있는 독해의 어려움을 최대한 덜어 줄 수 있습니다. 그러니까 번역본에 대한 좋은 서평은 번역본을 보완하는 동시에 독자를 도와줍니다. 무엇보다도 잠재 독자에게 독해의 나침반 역할을 합니다.

지식과 논리

이번에는 서평을 쓸 때 가장 쉬운 동시에 가장 어려울 수 있는 부분을 다루고자 합니다. 바로 본문에 드러난 지식과 논리의 흐름입니다.

먼저 볼 부분은 책에서 다루는 지식입니다. 이는 다시 두 가지로 나뉩니다. 하나는 책에서 해당 영역의 지식을 충분하게 다루었는가의 여부이고, 다른 하나는 책에서 다룬 지식이 과연 정확한가의 여부입니다.

소위 '지대넓얕'이라 불리는 채사장의 『지적 대화를 위한 넓고 얕은 지식』과 같은 류의 책을 읽고 제대로 된 지적 대화에 참가하기는 어렵습니다. 지식을 충분히 다루었는가 하는 문제에 걸리기 때문입니다. 이는 윤리 문제가 아니라 현실 문제입니다. 본질, 배경, 맥락, 함의 등이 누락된 얕은 정보를 상황에 따라 적절히 구사하기는 쉽지 않습니다. 이렇게 피상적으로 정보를 제공하는 책은 의외로 많습니다.

프랑스의 현대 사상에 대한 영어권의 해설서가 적절한 사례로 보입니다. 그런 해설서에서는 포스트모더니즘이라는 이름으로 푸코와 라캉과 보드리야르를 묶어 버립니다. 그 과정에서 이들의 사상 본질은 말할 것도 없고, 그 배경이나 맥락 등도 고려되지 않습니다. 그들의 핵심 단어만 맥락 없이 소개하는 탓에 독자는 수박의 겉만 핥게 됩니다. 결과적으로 각 사상가의 유명한 단어 몇 개만 건지게 되어 이를 마법 주문처럼 읊조리는 것 이상으로 할 게 없습니다.

　서평가로서 책 속의 정보를 대할 때에는 언제나 그 정보의 본질, 배경, 맥락, 함의 등이 얼마나 잘 소개되고 있는지 확인해야 합니다. 그 책에 대해 서평을 쓰려 한다면 반드시 물어야 할 질문입니다. 확실하지 않거나 의혹이 생긴다면 관련된 자료를 대조해 가며 읽어야 합니다. 이러한 과정을 통해 확장된 인식을 가지고 서평을 써야 잠재 독자가 그 책을 읽을 때 도움을 얻을 수 있습니다.

　그렇지만 이런 측면을 잘 고려한 좋은 서평집을 쉽게 찾아볼 수 있는 것은 아닙니다. 그런 의미에서 강유원의 『책과 세계』는 매우 훌륭한 책입니다. 살림지식총서로 출간된 일종의 고전 서평(해제)집입니다. 저자는 이 적은 분량 속에서 각 고전의 본질, 배경, 맥락, 함의 등을 압축적으로 잘 설명하고 있고, 무엇보다도 각 고전이 서로 얽혀 있는 맥락을 섬세하게 다룹니다.

차라리 콘텍스트의 산물일지도 모를 텍스트들 스스로가 말
하게 하고, 텍스트에 의해 만들어졌을지도 모를 콘텍스트
스스로가 드러나게 하는 편이 더 나을 듯하다.[45]

지식을 충분히 다루었는가 하는 문제보다 중요한 것은
지식이 정확한가의 여부입니다. 그른 지식은 얕은 지식보
다 문제가 됩니다. 얄팍한 지식이 그저 지적으로 부실한
식품이라면, 왜곡된 지식은 영혼에 해로운 식품이니까요.
이런 책을 읽는다면, 그저 시간 낭비일 뿐 아니라 사실상
자기 학대라고 할 수 있습니다. 날카로운 서평을 통해서
독자들에게 분명하게 선을 그어 주어야 할 겁니다. 정확하
지 않은 지식의 사례를 살펴보겠습니다.
　아들러의 심리학을 자기 계발서 식으로 재구성한 해설
서인 『미움받을 용기』의 초반부에 보면, 주인공 철학자가
다음과 같이 말합니다. "보통 심리학이라고 하면 프로이트
와 융의 이름만 거론되는데, 세계적으로는 프로이트, 융과
나란히 3대 거장으로서 아들러의 이름도 반드시 언급된다
네."[46] 이는 물론 헛소리에 불과하지만 그걸 알지 못하는
주인공 청년으로서는 "그렇군요. 제 지식이 짧았습니다"
라는 말 외에는 달리 할 말이 없습니다.
　일단 프로이트와 융과 아들러가 심리학의 3대 거장이라
는 평가 자체가 황당한 말입니다. 이들 세 사람은 심리학에

서 보자면 사실상 주변부 인물입니다. 캐나다의 응용 심리학자 키스 스타노비치가 심리학에 대한 바른 인식을 제공하고자 집필한 『심리학의 오해』의 1장 첫 부분 '프로이트 문제'에는 이 사실이 잘 지적되어 있습니다(현재 10판 번역서까지 출간되었는데, 여전히 이를 강조하고 있습니다).

더욱이 심리학의 특정 분파(정신 분석학)로 내려가도 이들은 하나로 묶일 수 없습니다. 물론 융과 아들러는 프로이트의 정신 분석에서 크게 영향을 받았습니다. 그러나 이후로 프로이트를 떠나 각자의 길을 갔지요. 프로이트는 정신 분석학을, 융은 분석 심리학(심층 심리학)을, 아들러는 개인 심리학을 주창하고 각각 자기가 만든 학파를 이끌었습니다. 그냥 학파가 다른 것이 아니라, 이론 자체가 다릅니다. 따라서 이들을 하나로 묶는 것은 불가능에 가깝습니다.

원래는 프로이트, 아들러, 프랑클을 하나로 묶는 게 정석입니다. 이들에게는 중요한 공통점이 있습니다. 첫째, 오스트리아의 수도 빈에서 나고 자란 유대인입니다. 둘째, 빈에서 각기 나름의 학파를 세웠습니다. 프로이트의 정신 분석학과 (프로이트를 거친) 아들러의 개인 심리학에 이어 (프로이트와 아들러를 거친) 프랑클의 의미 치료가 나왔습니다. 그래서 이들을 빈 심리 요법의 세 학파라 부릅니다.

그러니까 알프레드 아들러는 두 번째 빈 학파(개인 심리학)의 태두입니다. 따라서 심리학의 3대 거장 같은 헛소리를 읽고, 그대로 사용하면 곤란합니다. 이는 아마도 기시미 이치로를 포함한 일본의 아들러 연구자를 참칭하는 자기 계발 강사들이 아들러를 높이기 위해 부러 하는 말이겠지요. 이상의 내용은 제가 『미움받을 용기』에 대해 쓴 서평에도 실려 있습니다. 이 서평을 통해 일본의 아들러 '소비' 현황에 대해서도 간단히 다루었습니다. 아들러가 정확하게 소개되고 있는지를 살펴보고, 그렇지 않을 경우에 이에 대해 비판하고 보완하는 것은 서평의 중요한 임무입니다. 책을 비판하는 서평의 언어가 과격하더라도 책의 잘못된 내용을 교정하고 올바른 정보로 대체해 준다면 그 서평은 좋은 서평입니다. 그런 의미에서 서평에서 따져 물을 것은 바른 예의가 아니라 바른 정보입니다. 이는 또한 우리가 서평을 쓸 때 유념할 부분입니다. 세련된 형식보다 정확한 내용이 중요합니다.

이번에는 논리의 문제를 살펴보겠습니다. 일단 책의 전제가 중요한데 이는 앞에서 말한 지식의 문제와 연결됩니다. 저자가 내세우는 전제 혹은 기본 자료가 옳은지 그른지를 보아야 합니다. 복거일의 『벗어남으로서의 과학』은 진화심리학을 논의의 근간으로 삼습니다. 하지만 진화심리학에 대한 그의 이해가 적절하지 않아서 논리 전개가 꼬입니다. 설령 전제가 옳더라도 과연 그 전개 과정이나 최종 결론과 잘 일치하는지도 살펴봐야 합니다.

저자의 논리 전개는 타당한데, 그 논리가 포괄하는 세계가 협소하여 현실 적용이 어려운 경우도 있습니다. 역사학자 임지현 교수가 주도하여 출간한 『대중 독재』가 좋은 사례일 것입니다. 대중이 그저 독재의 피해자인 것이 아니라, 나름의 수준에서 동의하고 수용했다는 점에 대한 지적은 분명 중요한 문제 제기입니다. 그럼에도 진보적 사회학자 조희연 교수는 『역사비평』 2004년 여름호를 통해 한국의 현실에서 이 논의는 군사 독재 정권에 면죄부를 줄 우려가 있다고 비판합니다. 대중의 소극적인 순응을 능동적인 동의로 받아들이면 안 된다면서 말이지요.

번역 평가

번역 평가는 러시아문학 전공자 이현우가 가장 유명할 겁니다. 그는 영어본과 불어본, 러시아본 등을 비교 대조하면서 여러 국역본에 난도질을 한 것으로 명성을 얻었습니다. 『로쟈의 인문학 서재』는 그의 그런 번역 비평을 모은 책입니다. 그는 이 번역 비평으로 명성을 얻은 만큼이나 고초도 겪었습니다.

이현우는 번역 문제로 글을 쓸 때 처음에는 전문가(동료 번역자)의 입장이 아니라 소비자(독자)의 입장에서 접근했습니다. "번역자는 같은 업종의 '공급자'로서 동일한 이해관계를 갖지만(간혹 불일치할 수도 있습니다), '독자'로서의 저는 '소비자'로서 '공급자'인 번역자와는 이해관계가 일치하지 않습니다(물론 일치한다면 더 좋겠지만요)."[47]

저는 여기에서 번역 서평의 모범 사례로 질 들뢰즈와 펠릭스 가타리의 『천 개의 고원』과 안토니오 네그리와 마이클 하트의 『제국』에 대한 이정우 교수의 「노마디즘과 꼬뮤니즘」을 소개하고 싶습니다. 무려 89쪽에 달하는 이 무시무시한 리뷰에서 그는 『천 개의 고원』의 제목 직역에 의문을 제기합니다. "'mille'은 반드시 수사數詞 '천'千을 의미한다기보다는 '매우 많은'을 뜻한다. 오히려 우리말의 '만'萬의 뉘앙스에 해당한다."[48] 이후에도 그는 번역어에 대해 나름의 수정을 제안합니다. 가령 '고른판'을 '공재면'으로, '기관 없는 신체'를 '탈기관체'로 제시하는 식입니다. 제목과 더불어 핵심 어휘를 번역 비평하는 것이지요.

번역서의 번역 평가에서 무엇보다 유의할 사항이 있습니다. 본문에 소개된 책자의 번역 여부와 그 번역서의 제목을 소개하고 있는지를 확인하고, 그렇지 않을 때에는 이를 소개하는 겁니다. 이는 원래 번역서의 기본 책무입니다. 이 작업이 제대로 되어 있지 않다면 책의 유용성은 떨어집니다. 의외로 많은 번역서에서 이 일을 잘 하지 않습니다. 따라서 서평에서 이를 살펴보는 것이 필요합니다. 이는 책에 대한 비판인 동시에 보완이기도 합니다.

저는 『기독교 고전으로 인간을 읽다』의 서평에서 이 부분을 집중적으로 다루었습니다.[49] 이토록 철저하게 번역 여부와 번역서의 제목을 확인하지 않았다는 사실이 놀라 웠지요. 그래서 하나하나 살펴보고, 관련 정보를 소개했습니다. 독자들이 『기독교 고전으로 인간을 읽다』를 더 잘 활용할 수 있도록 돕고 싶었기 때문입니다. 서평은 잠재 독자를 위한 서비스이니까요.

번역 비평은 이렇게 제목, 어휘, 문장, 참고문헌 등 거의 모든 면에서 책을 검토할 수 있습니다. 번역이라는 면에서 사실상 책의 모든 부분을 다룰 수 있습니다. 번역 비평에 대해서는 앞으로 더 많은 논의가 필요하고, 그 결실들을 차곡차곡 축적해야 할 겁니다.

이와 관련하여 이현우의 『로쟈의 인문학 서재』와 더불어 추천하고 싶은 책은 서양 고전 연구자 강대진의 『잔혹한 책읽기』입니다. 서양 고전학 관련 서적에 대한 잔혹한 번역 비평의 전범과도 같은 책입니다. 실명으로 진행되는 번역 비평이기에 잔혹합니다. 그래서 재미있기도 합니다. 강대진은 굉장히 성실하고 꼼꼼하게 평가합니다. 이것이 야말로 서평가의 미덕입니다. 서평가는 엄격하고 정확해야 합니다.

작품 속으로의 이입

앞서 말한 것처럼, 독자는 서평을 쓰는 과정에서 자신의 내면을 성찰하게 됩니다. 독자가 책을 읽는 것을 넘어서 책이 독자를 읽는 셈이지요. 리쾨르의 지적처럼 고전은 특히 그러합니다. 어떠한 서평은 이러한 자신의 성찰을 유독 두드러지게 밖으로 드러내기도 합니다. 주로 문학의 경우가 그러한 듯합니다. 주로 등장인물에 이입되는 방식이 자주 사용됩니다.

『아까운 책 2013』이라는 서평집이 있습니다. 부제가 '탐서가 47인, 편집자 42인이 꼽은 지난해 우리가 놓친 명저들'입니다. 여기에 수록된 첫 번째 글은 찰스 부코스키의 『우체국』에 대한 금정연의 서평 「어느 술주정뱅이의 독창적인 반노동 찬가」입니다. 생계형 서평가를 자처하는 금정연은 우체국에서 파리하게 시들어 가다 결국 그만두고 나온 자유로운 영혼에서 온라인 서점 마케터였던 자신의 과거를 읽어 냅니다.

마침내 원하던 일을 찾았다고 확신한 치나스키(부코스키)는 그 즉시 시험을 치르고, 보결 우편집배원으로서의 경력에 첫발을 내딛는다. 물론 세상이 그렇게 만만할 리 없다. 나는 그 사실을 한 인터넷 서점에 취직한 후에야 알았다. 당연히 책을 마음껏 읽을 수 있을 거라고 생각했지만 정작 나를 기다리고 있던 것은……. 아니, 그만두는 게 좋겠다. 그저 우리 모두에게 일어나는 일이 치나스키에게도 일어났다는 사실을 밝히는 것으로 족하다.[50]

이렇게 금정연은 자신의 삶에 비추어 소설을 다룹니다. 독자의 삶이라는 층위에서 책의 서사와 캐릭터를 규명하고, 나아가 감정을 이입합니다. 다른 서평도 그러하겠지만, 특히 문학 서평은 어느 정도 문학 치유와 유사한 방식으로 작동합니다. 기본 메커니즘은 동일시입니다. 자신의 실존 차원에서 소설을 겹쳐 읽고, 이렇게 자신의 삶에 비추어 서평을 쓰면 잠재 독자의 마음을 사로잡을 수 있습니다. 아니 그렇게 서평을 쓰는 과정은 쓰는 사람 자신을 먼저 회복시킵니다. 서평을 쓰는 사람은 이러한 동일시를 통해 자신의 자아를 직면하고, 동시에 일부 잠재 독자에게도 강력한 설득력을 행사하게 되지요.

그러나 동일시의 대상은 하나가 아닙니다. 반드시 주인공에 동일시하는 것 또한 아닙니다. 당장 헤르만 헤세의 『나르치스와 골드문트』를 읽는다고 치면, 누구와 동일시할 것인지를 생각해 봅시다. 이 책으로 서평을 쓴다고 할 때, 지의 표상인 나르치스와 사랑의 표상인 골드문트 사이에서 누구를 동일시의 대상으로 선택하는지는 그 자체로 시사하는 바가 많습니다. 여하간 자신의 동일시 대상을 선택하면, 그에 따라 서평의 결과 흐름이 결정됩니다.

이러한 측면은 어떤 의미에서 서평과 독후감이 전혀 다른 장르가 아니라는 점을 보여 줍니다. 앞서 지적한 대로 독후감이 자신의 감상을 일방적으로 표현한 글이라면, 서평은 이러한 감상이 타인에게 어떻게 수용될지를 고려하여 전달하는 것이지요. 이렇듯 소설의 등장인물에게 자신을 투사하는 방식에서는 특히 독자의 느낌이 생생하게 드러납니다. 자신이 소설의 등장인물에게 어떠한 방식으로 투사되었는지를 직접적으로 보여 줌으로써 매우 역동적인 서평을 작성할 수 있게 되지요.

이제까지의 논의는 비단 소설에 한정되지 않습니다. 가령 플라톤의 『향연』은 소크라테스를 주인공으로 하는 플라톤의 대화편 가운데 하나로 비교적 잘 알려져 있습니다. 소크라테스와 그가 언급하는 제사장 디오티마 외에도 향연의 계기가 되는 비극 경연 대회 수상자 아가톤을 비롯한 여섯 명의 사랑, 즉 에로스에 대한 이야기가 충돌하며 각각 빛을 발합니다. 반드시 감정적 투사가 아니라 할지라도, 독자라면 여기에서 각자의 입장을 선택하지 않을 수 없습니다.

이렇게 서평이라는 장에서는 책의 모든 것을 다룰 수 있습니다. 서평이야말로 책을 열어 보여 주는 강력한 매개 수단인 것이지요. 그렇기에 제대로 서평을 쓴다면, 서평가는 자신이 다루는 책에 대해 속속들이 알게 될 것입니다. 이제 서평을 쓰는 방법에 대해 알아보겠습니다.

서평의 방법

일단 생각하라

서평을 위한 독서는 기본적으로 정독입니다. 정밀하게 읽고 깊이 있게 파고들어, 한 번을 읽더라도 제대로 천천히 읽어야 합니다. 가능하다면 반복하여 읽어야 합니다. 책의 내용이 깊거나 어렵다면, 더욱 그래야 합니다. 슬로 푸드가 우리 건강에 유익하고, 슬로 라이프가 우리가 꿈꾸는 삶이라면, 슬로 리딩은 우리 영혼을 위한 독서입니다. 동시에 좋은 리뷰의 전제이기도 하지요.

훌륭한 저작은 성실한 독자의 머릿속에 느낌표와 물음표가 넘실대게 만듭니다. 저자의 최선이 담긴 작품은 독자의 지적이고 정서적인 최선을 요구하기 때문입니다. 독자의 최선은 느리고 세밀한 독서에서 시작됩니다. 섬세하고 차분하게 독서하다 보면, 자연스레 여러 생각의 편린이 떠오르게 마련입니다. 이렇게 촉발된 사유는 그 순간에 곧바로 붙들지 않으면 오래지 않아 휘발되고 맙니다. 따라서 메모는 선택이 아니라 필수입니다.

그러므로 독서 전에 메모하기 위한 준비를 갖춰야 합니다. 방법은 아무려나 상관없습니다. 책에다 바로 적든, 포스트잇에 끼적여서 책에 붙여 두든, 공책에다 정갈하게 작성하든, 컴퓨터로 문서를 만들어 두든 상관없습니다.

메모의 대상은 두 가지입니다. 먼저 독서하는 책의 문장입니다. 우리의 생각을 자극하는 문장을 발췌합니다. 물론 굳이 발췌하여 적는 대신에 밑줄을 긋거나 특정한 기호로 표시하거나 해당 지면의 귀퉁이를 접을 수도 있습니다. 물론 빌린 책에 그렇게 해서는 곤란합니다. 내 돈을 주고 샀거나 남의 호의로 받아 나의 소유가 된 책에 대해서만 그렇게 해야겠지요.

다음으로 책을 읽고 생각나는 바를 적습니다. 발췌한 문장이 촉발한 나의 사유를 기록하는 겁니다. 여러 편의 단상이 쌓이면 자연스레 한 편의 리뷰가 만들어지는 것입니다. 독서의 자극을 통해서 반짝하고 떠오른 생각을 허공으로 날려 보내지 말고 곧장 기록하여 저장해야 합니다. 서평은 이 단상을 논리적으로 배열한 결과물일 따름입니다.

지금 바로 글을 쓰라

펜을 들거나 자판을 두들기세요. 이제 쓰면서 생각합니다. 물론 생각 자체는 이미 독서 과정에서 어느 정도 정리되어 있어야 합니다. 서평을 쓰면서 고심하는 내용의 상당수가 책 읽기를 통해 이미 정해진 생각을 언어화하는 겁니다. 이와 관련하여 주목해 볼 만한 조언이 있습니다. 이현우는 「서평 쓰기는 품앗이다」라는 글에서 다음과 같이 말했습니다.

아무려나 첫 문장을 쓴 뒤라면 (나머지 절반은) 크게 어렵지 않게 풀려 나가야 정상이다. 중간에서 막힌다면, 그건 책을

제대로 소화하지 못해서 그럴 확률이 높다.[51]

책을 제대로 읽었다면 어느 정도 책에 대한 생각의 줄기가 잡혀 있어야 합니다. 주요한 논지를 끌어내고, 지금 여기에 자리를 매길 수 있어야 합니다. 그게 서평을 쓰는 토대가 됩니다. 서평의 흐름은 스스로 확정한 이해의 틀 위에서 정해지기 때문입니다. 요약은 책에 대한 내 생각의 근간입니다. 만일 책에 대한 생각이 정리되지 않았다면 서평은 쓸 수 없습니다. 혹은 생각이 잘 정리되지 않는 책임을 책과 저자에게 돌리는 방식으로 작성할 수도 있습니다. 그러나 이렇게 쓰기 전에 내가 놓친 것은 없는지 다시 한번 확인해 봐야겠지요.

물론 책을 갓 덮었을 때는 말로 깔끔하게 만들지 못할 수도 있지요. 그 점은 크게 문제가 되지 않습니다. 일단 두 가지로 설명하겠습니다. 하나는 천 리 길도 한 걸음부터입니다. 무슨 뜻일까요? 책을 읽어 나가면서 하나씩 본문이나 각주에 표기하고 특정한 부분에 밑줄을 긋다 보면 메모가 쌓이게 마련입니다. 이렇게 읽는 것은 매우 자연스럽습니다. 서평을 위한 독서는 정독이 기본입니다.

특히 마음에 와 닿거나 불편하게 다가온 본문을 옮겨 적고 자신의 생각을 적어 보세요. 이렇게 발췌하고 평가하는 글이 축적되면, 그게 모여 하나의 큰 그림을 그리게 됩니다. 계속 발췌하고 해석하는 가운데 일관된 형상이 잡힙니다. 매번 새롭고 전혀 다른 것만 나열된다면, 그 역시 이상한 일입니다. 책의 논지가 일관되지 않다는 뜻이니까요. 실제로 앞과 뒤로 서로 어울리지 못한다면, 그 점도 이렇게 매번 기록하고 분석하는 가운데 확인될 겁니다. 그러면 이러한 구성에 대해 비판적으로 글을 쓰면 되겠지요.

메모는 체계적인 구상에 따라 쓰이지 않은 책을 다룰 때 진가를 발휘합니다. 우리 시대에는 상당히 예스럽게 들리는 장르인 서한집이 좋은 경우입니다. 서한집의 공통 속성이 바로 체계 없음이지요. 그렇기에 서평을 통한 재구성이 만만하지 않습니다. 그러나 메모를 적절하게 활용하면, 어렵지 않게 작업할 수 있습니다.

제가 『나니아 연대기』로 유명한 C. S. 루이스의 서한집 『당신의 벗 루이스』를 처음 읽던 당시의 느낌이 떠오릅니다. 영적인 가르침을 주고받은 편지만 모아 놓은 책인데, 문제는 편지를 쓴 시기가 1916년부터 1963년까지 거의 반세기에 달한다는 점입니다. 어떻게 이 편지들을 재구성해야 할지 막막하기 그지없었습니다. 별다른 묘수가 없었지요. 그저 모든 편지를 하나하나 천천히 읽으면서 메모할 수밖에요. 한동안 시간이 날 때마다 틈틈이 읽고 표시하고 귀퉁이를 접고 메모하며 읽었습니다. 그렇게 다 읽은 후 그 메모들을 재배열하는 과정에 책과 우정이라는 두 개의 키워드를 찾아냈습니다. 그렇게 해서 써낸 서평이 「책과 우정, 그리고 C. S. 루이스」입니다. 여러 서신에 대한 단편적인 생각을 주워 모아 두 가지 핵심 개념으로 하나의 일관된 서평을 구성한 겁니다.

다른 하나는 첫 단추를 제대로 끼우면, 자연히 풀린다는 겁니다. 어느 시점에 들어서면 열쇠와 자물쇠가 딸깍 맞아떨어지듯이 자연스레 맞아떨어집니다.

처음 책을 집어 들었을 때나 막 서평을 쓰기 시작할 때는 머릿속에 그 책에 대한 명확한 그림이 그려지지 않기 일쑤입니다. 그럼에도 원고지나 키보드에 글을 쭉 써 나가다 보면, 어느샌가 자연스레 글에 질서와 형상을 부여할 수 있게 됩니다. 의식 이면에 자리하던 모호한 느낌과 판단이 하나의 일관된 틀 속으로 짜여 들어가 언어화되는 것입니다. 스스로 생명을 가지고 자라게 되는 것이지요.

첫 문장에 대하여

이런 점을 염두에 두고 첫 문장을 어떻게 쓸지 궁리할 필요가 있습니다. "아무려나 첫 문장을 쓴 뒤라면 (나머지 절반은) 크게 어렵지 않게 풀려나가야 정상이다"라고 한 이현우의 말을 상기해 봅시다. 이는 서평을 쓸 때 느끼는 심리적 장벽을 언급한 것이지만, 달리 보면 첫 문장이야말로 가장 중요하다는 반증이 아닐까요?

이 점에 대해 저는 조금 다르게 봅니다. 전문 작가가 아니라면, 첫 문장은 크게 신경 쓸 필요가 없습니다. 다른 서평을 뒤적여 보세요. 그러면 의외로 첫 문장이 소박하고 평범하다는 것을 알게 될 겁니다. 가끔은 눈이 반짝 뜨이는 문장도 있지만, 그것은 말 그대로 가끔입니다. 첫 문장이 딱히 훌륭하거나 대단하지 않아도 괜찮습니다.

바라건대 문호들의 글쓰기 법에 현혹되지 마세요. 언젠가 김연수의 소설 첫 문장만 나열한 글을 본 적이 있습니다. 확실히 그의 첫 문장은 다르더군요. 독자의 시선을 확 사로잡습니다. 김연수는 전문 작가입니다. 그것도 치열하게 노력하는 직업 소설가이지요. 서평가가 되는 길이 그렇게 험하다면, 저는 지금 이 글을 쓰지도 않았을 겁니다. 서평가는 미문가가 아닙니다.

도서 평론가로 열심히 활동하던 이권우는 안양대학교 교양학부 교수로 특채되었습니다. 대학원 학위도 없이 읽기와 쓰기를 전담하는 교수가 되었을 정도라면, 도대체 얼마나 서평을 잘 썼을까요? 그가 쓴 서평의 첫 문장은 어떤지 살펴보지요. 그의 서평집 가운데 하나인 『죽도록 책만 읽는』에서 하나를 인용하겠습니다. "한여름에 굳이 골치 아픈 책을 읽어야 할 이유는 없다."[52] 『자본론 범죄』라는 추리소설에 대한 서평의 첫 문장입니다. 솔직히 누구라도 쓸 수 있을 것 같은 소박한 문장이지요. 문장의 의도는 아주 명확합니다. 추리소설 하나를 추천하려는 겁니다. 추리소설은 이른바 장르문학이라 불리는 대중문학의 하나이고, 골치 아픈 책과는 상극에 서 있습니다. 길고 짧은 아홉 문장으로 이루어진 처음 문단 전체가 그저 이 하나의 목적에 복무하고 있습니다. 그 문단의 마지막 문장은 이렇습니다. "잘 읽히면서도 약간의 긴장감을 주는 책이 제격이라는 말인데, 이런 것으로 추리소설만 한 것이 없다." 이제 다음 문단에 어떠한 추리 소설이 와도 상관없겠지요. 소박하고 무난하지만 좋은 설정입니다. 물론 서평에 관심 있는 분이라면, 이분의 독서 내공과 필력을 모르는 이가 없습니다. 하지만 이렇게 우리도 쓸 수 있을 법한 도입 문장을 구사하지 않나요?

문단의 구성

이는 모든 글에 적용되는 기본 원리로, 하나의 문단에는 하나의 생각을 담아야 합니다. 이에 따라서 각 문단은 하나의 문장으로 축약될 수 있어야 합니다. 그렇게 축약된 문장을 한데 모아 놓으면 글 전체의 요약이 되는 겁니다.

더불어 각 문단의 분량은 적당히 조절해야 합니다. 각 문단의 분량을 비슷하게 유지하는 것이 가장 무난합니다. 특히 문단의 길이가 지나치게 늘어나는 것은 좋지 않습니다. 이러한 방식은 한 호흡에 술술 읽히도록 구사할 수 있는 문장의 대가가 아닌 한 피하는 편이 좋습니다. 서평처럼 독자에게 직접 영향력을 행사하려는 글은 더욱 그렇습니다. 호흡이 긴 글은 독자에게 상당한 부담을 주고, 글의 흐름을 따라가기 힘들게 만듭니다.

　더욱이 간신히 그 서평을 읽어 내더라도, 읽는 중에 힘을 다 써 버려 정작 글의 논지를 파악하는 데에는 어려움을 겪을 수도 있습니다. 애초에 글쓴이의 생각이 정돈되지 못하여 문단이 늘어졌을 수도 있습니다. 그렇게 서평가가 미처 정리하지 않은 부분은 그대로 독자의 몫으로 넘어갑니다. 저자가 수고를 줄이는 만큼 독자가 고생을 더하는 법입니다. 그러니 독자가 서평을 완주하기를 기대한다면, 분량을 조절하기 위해 노력을 다하는 편이 좋습니다.

　그렇다면 문단의 길이를 짧게 구성하면 어떨까요? 이런 구성은 주로 특정한 메시지를 부각시키는 데에 적절한 방식입니다. 어떠한 논거들을 나열하기보다 강력한 선언이나 제안으로 마무리 짓는 겁니다. 가령 일정한 행수를 유지하는 문단으로 글을 이어 가다가 마지막 문단에서 하나의 문장을 내리꽂는 식입니다. 진부하게 보이지만, 자신의 주장을 부각하는 데 유효한 방식입니다. 다만 최소한으로 사용해야 최대한으로 효과를 발휘할 수 있습니다.

　모든 문단을 한두 문장 정도로 이어가는 것도 곤란합니다. 독후감이라도 이렇게 쓰는 것은 곤란할 것입니다. 이는 문단의 존재 이유를 모르는 것이지요. 하나의 문단은 하나의 사유에 상응합니다. 사유를 제시하고, 논증하고, 부연하고, 상술합니다. 인용이 있으면, 설명이 필요합니다. 주장이 있으면, 논거가 따라야 합니다. 서평은 서평자의 사유를 통해 저작의 논지를 보여 주고 평가해야 합니다.

말 고르기

지나치게 어깨에 힘을 준 평가는 가급적 멀리하는 것이 좋습니다. 만일 익숙하지 않거나 비교적 전문적인 단어로 간결하게 정리하는 방식으로 자신의 통찰을 과시하고 싶다면, 최대한 독자가 이해하기 쉽게 전개해야 합니다. 물론 서평을 통해 여러분의 지식을 과시하는 것도 나름대로 좋은 일입니다. 다른 독자에게 그 지식이 도움이 될 수 있으니까요. 하지만 그렇게 도움을 주려면 친절하게 풀어 주어야 합니다.

서평은 본질상 서비스입니다. 그러니 가능한 한 독자가 이해하기 쉽도록 하는 편이 좋습니다. 모든 단어와 표현과 사상과 논지를 독자가 알아들을 수 있도록 전개해야겠지요. 스스로 읽어 봐서 개념과 단어, 수사와 문장 및 논지에 대해 질문이 들어올 것 같으면, 그 답변을 미리 서평 안에 담아야 합니다. 모호하게 전개된 것은 가급적 분명하게 다듬고, 과도하게 압축된 것은 가능한 한 평이하게 풀어내야 합니다. 평이하고 분명하게 독자에게 다가가는 만큼 서평의 가치가 올라갑니다.

　서평은 잠재 독자에게 영향을 미치고자 합니다. 우선 지성을 통한 설득을 의도하지만, 정서적 감화로 독자를 사로잡기도 합니다. 이를 동시에 겨냥한 좋은 방식 가운데 하나가 서평의 대상이 되는 책에서 글을 발췌하는 겁니다. 물론 핵심을 원저자의 글로 명확하게 드러내기 위한 목적이 가장 큽니다. 하지만 비단 그게 아니라도 적절하게 인용한다면, 마치 입맛을 돋우기 위해 제공되는 전채처럼 그 책에 대한 독자의 식욕을 돋울 수 있습니다. 그렇습니다. 인용은 그저 전채입니다.

　적절한 인용은 창문과 같이 적절한 빛을 비춰 줍니다. 하지만 서평을 원만하게 작성하려면, 멋진 인용에 대한 강박을 버려야 합니다. 멋진 표현보다는 책의 정수를 찾아야지요. 인용이 과하면 서평이 스스로 서지 못합니다. 그럴 바에는 차라리 단 한 줄도 인용하지 않는 편이 낫습니다.

　종종 글의 대부분이 인용으로 이루어진 서평(이라기보다는 책의 소개 혹은 요약)도 있습니다. 이런 글은 서평이 아닙니다. 그저 글을 작성한 사람의 개인 작업 노트에 불과합니다. 그 인용문 중에서 무얼 골라 어떻게 배열할지를 모색하고, 여기에 어떻게 자신의 생각으로 테두리를 지을까 고민해야 합니다. 그렇게 하지 않고 인용만 해 놓는다면, 제아무리 멋진 문구라 해도 서평에 기여할 수 없습니다. 서평의 주체는 서평자입니다. 그것을 잊어서는 안 됩니다.

마무리

　마무리를 어떻게 지어야 할까요? 이 또한 훌륭한 서평에서 적절한 모델을 구할 필요가 있습니다. 좋은 서평을 읽는 것만큼 좋은 학습도 없습니다. 부담을 가질 필요는 없습니다. 반드시 교훈적으로 마치거나, 멋들어진 미문으로 마감해야 하는 것도 아닙니다. 일독을 권할 만한 자신만의 이유를 간결하게 내세우는 것으로 충분합니다. 반대로 눈길조차 주어서는 안 되는 이유라 하더라도 마찬가지입니다.

　강유원이 종종 구사하는 것처럼 독자를 도발하는 방식으로 서평을 닫는 것도 가능합니다. 『조선후기 소품문의 실체』의 서평을 빙자한 고미숙의 『열하일기, 웃음과 역설의 유쾌한 시공간』 서평에서, 제가 인용한 마지막 부분을 기억하실 겁니다. "덧붙여, 나는 고미숙의 책을 통독한 뒤 내다 버렸다." 이것은 강유원 서평의 개성입니다. 그가 독일의 실존주의 철학자 칼 뢰비트의 『베버와 마르크스』에 대해 썼던 서평의 마지막은 이렇습니다.

　언제 이 시대가 끝나려나 하고 기다리는 것이 이 책을 읽는 것보다 나을지도 모르겠다. 게다가 먹고 살기도 어려운 판국에 책은 읽어서 무엇할까?[53)]

이러한 마무리는 잠재 독자의 독서 의욕을 고취시키는 전략의 하나입니다. 주로 어려운 책에 잘 어울리는 방법입니다. 굳이 이런 어려운 책을 읽어야겠느냐는 강유원의 위악적 서술은 외려 잠재 독자의 독서 의지를 불사릅니다.

서평의 논지가 공격적일 때에는 아무래도 마무리에 더욱 신경을 써야 합니다. 고병권의 『화폐, 마법의 사중주』를 다룬 백승욱의 서평은 다음과 같은 따스한 배려의 말을 남기며 비판의 날을 다소 둔탁하게 만듭니다.

인용하는 논자들의 논점과 반드시 주장이 일치할 필요성은 없으며, 그와 다른 이야기를 전개하는 것이 장점이 될 수 있다. 그렇지만 화폐의 계보학을 설명해 주는 이 책의 시도가 풍성한 논의에도 불구하고, 그 계보학이 드러내 주어야 할 여러 가지 힘들의 마주침에 따른 역사적 변환의 계보를 역동성 속에서 보여 주는 데 다소 아쉬움을 남긴다는 것이 논평자의 소회이다.[54)]

이미 강조한 바와 같이 비판 자체를 포기할 필요는 없습니다. 적절한 비판에 필요하다면 신랄한 공격적 언어를 사용하는 것도 무방합니다. 다만 비판적 서평이라 할지라도, 혹은 그렇기 때문에라도 책의 장점을 최대한 드러내려는 노력이 필요합니다. 흔히 앞에서 장점을 언급하고 뒤에서 단점을 나열합니다. 그러한 방식 자체는 유효하나 가능하면 말미에서 장점에 대한 긍정을 반복하거나 새롭게 조명하여 다소간 공격의 톤을 조절하는 것이 좋습니다. 책에 대한 비판이 저자에 대한 공격이 아니라는 것을 보여 줄 수 있다면 좋겠지요.

예외가 있습니다. 그 책의 존재 자체를 도저히 당위적으로 용납할 수가 없다면, 어쩔 수 없는 노릇입니다. 아예 적을 만들지 않고 살 수는 없습니다. 단지 그러한 서평은 극히 드물게 작성되어야 합니다. 만일 이러한 공격을 수시로 행한다면, 이는 서평자의 날카로운 지성보다는 그의 일그러진 내면을 보여 주는 결과를 부르겠지요.

고치고 또 고쳐라

이미 말했듯이 우선은 글을 써야 합니다. 그렇게 써 내려간 글은 혹자에게는 자신의 벌거벗은 몸처럼 보일지도 모릅니다. 그러나 출간되어 서점에 진열된 서평집과 이런 글을 비교하면 곤란합니다. 활자화된 글은 대체로 많이 다듬어진 것입니다. 몸매를 가다듬고 여기에 어울리는 옷을 입혀 놓은 상태입니다. 저자 자신도 여러 번 손을 볼뿐더러, 여기에 편집부가 가세합니다. 그런 글을 기준으로 삼아 자신이 갓 쓴 글을 들여다보면 어색하기 그지없습니다. 이상

할 것 없습니다. 하지만 실은 전문 서평가가 처음에 쓴 글도 우리가 쓰는 글만큼이나 상당히 거칠기 십상입니다. 글쓸 때 동원되는 에너지가 글의 표현보다는 글이 담고 있는 생각에 집중되기 때문입니다.

처음 쓴 글이 비문이거나 맞춤법에 맞지 않는 것은 당연합니다. 그보다는 다른 이가 그 글을 읽고 글쓴이의 생각을 바로 알기가 어렵다는 것이 문제지요. 원래 생각한 내용과 막상 써 놓은 표현이 서로 어긋나기도 하고, 이를 통해 원래 생각한 바가 모호하거나 잘못됐다는 것이 밝혀지기도 합니다. 생각이 언어화하면서 처음 생각했던 논리의 공백이 드러나게 마련입니다. 그러니 일단 쓰고 나면 고쳐야 합니다. 고쳐 쓰는 과정에서 다시 생각하게 됩니다.

이 조언을 가장 잘 설명해 주는 것은 서평이 아니라 논문에 대한 매뉴얼입니다. 논문 작성법에 대한 좋은 매뉴얼 가운데 하나로 하워드 베커의 『사회과학자의 글쓰기』를 들 수 있습니다. 저자는 학술지에 게재하기 위한 논문 작성의 핵심 요령으로 끝없는 퇴고를 강조합니다. 많은 사회과학 논문이 난해한 것은 글이 심오해서가 아니라 그저 퇴고하지 않았기 때문이라는 겁니다. 결국 사유가 정돈되지 않았음을 보여 주는 것이지요.

이러한 반복된 퇴고의 조언은 글쓰기가 두렵거나 글쓰기에 자신이 없는 이에게 특히 효과가 있습니다. 서평의 수준에 별로 자신이 없는 이에게는 더욱 그렇습니다. 서평 수준은 원고지나 모니터를 노려보며 빈칸을 메우는 시간을 끝없이 투입하면 어느 정도 개선됩니다. 일단 초고는 완성했지만, 결정적 한 방이 부족하다고 판단하게 된다 해도 마찬가지입니다. 영감과 통찰은 대부분 끝없는 인내로 퇴고를 거듭하는 가운데 나타납니다.

자신에게 서평자로서 재능이 부족하다고 여겨진다 해도 다를 바가 없습니다. 그만큼 퇴고에 노력을 기울여 보완하면 됩니다. 다른 잠재 독자가 읽고, 여기에서 유익을 얻을 수 있도록 서평을 쓰는 것은 누구라도 가능합니다. 저는 지금 여기에서 자기 계발서 같은 거짓된 복음을 전하는 것이 아닙니다. 한편으로 기본 분량을 충족한 초고를 작성해야 한다는 기본 조건을 전제하고 있으며, 다른 한편으로 좋은 서평의 기본적인 수준에 도달하라는 현실 목표를 제시하고 있습니다.

초고를 계속 퇴고하는 가운데, 모든 것이 갈수록 더 향상됩니다. 명사와 형용사가 분명하게 선택되고, 적합한 위치에 놓게 됩니다. 각 문장의 구조가 정교해지고, 더하지도 덜하지도 않는 단단한 문장이 됩니다. 각 문단의 내적 응집력도 강화되고, 각 문단 간의 외적 정합성도 증대됩니다. 당연히 이러한 정련 과정에서 서평이 담고 있는 정보량도 늘어납니다. 정보의 양이 늘고 정보의 순도가 높아집니다. 수정을 반복하는 가운데 등장하는 것은 독창적 서평이 아니라 훌륭한 서평입니다. 위대한 서평은 아닐지라도,

잠재 독자에게 유익을 줄 수 있는 좋은 서평입니다. 이것이 우리가 지향해야 하는 서평일 것입니다.

좋은 서평을 참고하라

모든 배움이 그러하듯이 서평에도 모범이 교육학적으로 중요한 역할을 수행합니다. 좋은 서평을 읽어야 좋은 서평을 쓸 수 있는 것이지요. 물론 좋은 서평을 한눈에 알아보기는 매우 어렵습니다. 처음에는 일단 어떤 서평이 됐건 닥치는 대로 읽어야 합니다. 가급적 서평가로 잘 알려진 이들의 글을 먼저 손에 들기를 강력하게 권합니다. 가령 이 책에 소개된 이들의 서평이라면 일단 읽어 볼 가치가 있다고 보시면 됩니다. 기본 품질이 보장된 서평이기에 소개한 것들이니까요. 서로 개성이 다르고, 수준이 다르다는 것은 두말할 나위가 없겠지요. 독자에 따라서는 서평의 수준을 두고 평가가 엇갈릴 수도 있겠습니다.

시중에 나온 서평집도 대부분 일독할 가치가 있습니다. 서평집은 독서가의 선물입니다. 이미 말한 것처럼, 서평가는 독서가인 동시에 애서가입니다. 독서가는 책에 대한 애정으로 인해 언제나 옳습니다. 애정이 이끌기 때문에 방향은 빗나가지 않습니다. 단지 모든 서평가의 수준이 동일하지는 않습니다. 독서가의 수준이 서로 다른 것과 다를 바 없습니다. 그 점을 아는 것도 처음에는 쉬운 일이 아니지만 이는 시간이 해결해 줍니다.

온라인과 오프라인 미디어를 망라하여 좋은 서평을 찾아서 읽는 것도 추천할 만합니다. 일간지에 올라오는 평이한 서평 이상으로 참고할 만한 것은 온라인 서점 유명 블로거의 리뷰입니다. 가끔은 전문가도 블로거로 활동하는 경우가 있으니 잘 찾아보실 것을 권합니다. 또한 관심 주제에 해당된다면, 『프레시안』 등의 온라인 미디어에 올라오는 전문가 서평이나 정기적으로 발간되는 학술지에 실린 리뷰도 좋습니다. 하나의 책으로 묶인 서평집보다는 아마 이런 것이 참고하기 쉬울 것입니다. 요는 꾸준히 읽고 참고해야 한다는 것입니다.

얼마나 쓸 것인가

서평의 분량은 원칙적으로 정해진 것이 없습니다. 그저 단 한 줄의 서평도 가능하고, 논문 형식으로 작성할 수도 있으며, 심지어 단행본 한 권으로 구성할 수도 있습니다. 그야말로 서평가가 원하는 만큼 자유로이 작성할 수 있습니다. 가장 중요한 것은 서평가의 의도입니다. 서평가가 책을 어떻게 다루고, 어느 정도로 소개하며 비판할 것인가에 따라 분량이 정해집니다. 외부의 요청으로 서평을 작성할 때에는 분량을 지정하는 경우가 많습니다. 그럴 때에는 다루고자 하는 내용의 가감을 결정하여 분량을 조절하면 됩니다.

만일 가장 기본적인 분량을 말하라면, A4 한 장 정도는
되어야 할 것입니다. A4 한 장은 200자 원고지 8매 정도입
니다. 적은 분량도 아니고, 많은 분량도 아닙니다. 하지만
서평에 처음 진입할 때에는 결코 만만한 분량이 아닙니다.
하지만 적어도 이 정도 분량으로 책에 대한 자신의 생각
을 담아낼 수 있어야 서평가의 기본 체력을 갖추었다고 말
할 수 있을 겁니다. 처음에는 원고지 2-3매부터 시작하더
라도 꾸준히 써 나가면 곧 A4 한 장은 거뜬히 채울 수 있을
것입니다. 꾸준히 쓰는 것이 관건이지요.

{ 서평의 오늘과 내일 }

이제까지 서평에 대해서 장황하게 이야기했습니다. 서평 작성에 대해 참고할 만한 자료가 사실상 없기에 부러 많은 사례를 거론했습니다. 앞으로 여러분이 어떤 책을 읽기 위해 펼쳤을 때 여기에서 나눈 이야기가 바로 떠오르면 좋겠습니다. 물론 앞으로 더 많은 자료가 나오기를 기대합니다. 그사이에 우선 이 작은 책이 디딤돌이 되어 주기를 바랄 따름입니다.

서평의 오늘

우리의 서평 문화는 이제 한창 성장하는 중입니다. 앞서 잠깐 언급한 바 있는 『교수신문』 기획 기사에 따르면, 우리 학계에서 생산되는 학술 서평은 전반적으로 수준이 낮습니다.[55] 이는 여러 일간지나 계간지 등에 서평을 기고하는 서평가와 각종 서평 매체나 출판사의 편집자를 상대로 '한국 서평의 현주소'에 대해 의견을 물은 결과입니다.

심지어 서울대학교 교수 주경철과 경희대학교 교수 이택광에 따르면, 지금의 학술 서평은 비평이 아닙니다. 이택광은 "서평이 책 정보에 치중돼 있어 심층적 서평이 없기 때문"이라고 설명합니다. 이는 결국 요약은 있되 평가가 부족하다는 뜻입니다. 일부는 비판보다도 공치사에 치중하기도 합니다. 이는 물론 평자와 저자 혹은 언론사나 출판사와의 관계 때문이겠지요.

이 기사는 2008년에 나온 것이지만 상황이 크게 달라진 것 같지는 않습니다. 여전히 우리의 갈 길은 멀기만 합니다. 이러한 학술 서평의 빈약은 곧 서평 문화 자체의 빈곤을 오롯이 반영합니다. 우리나라 출판계에 서평집이 양산되고 있는 것도 최근에 와서야 일어나는 현상입니다. 하지만 그 서평집마저도 몇몇 자기 계발 작가를 비롯해 서평가로서의 내공과 연륜이 확실하지 않은 이가 마구잡이로 내놓는 경우가 상당합니다.

이렇게 서평 인프라가 제대로 구축되지 않았으니, 질적으로 부실한 상황에 대해 냉정한 비판의 날을 겨누기도 쉽지 않습니다. 가령 한 달에 원고지 40매 분량의 서평 하나 기고하는 것으로 한 달 생활이 가능하다고 가정해 봅시다. 전국에 있는, 아니 해외에 있는 사람을 포함한 비정규직

연구자가 모두 서평 쓰기에 달려들 것입니다. 서평의 수준은 삽시간에 업그레이드될 것입니다. 필경 서평의 수준을 올리기 위해 영혼이라도 팔겠지요. 그러나 현실은 정반대입니다. 한국에서는 글만 써서 먹고사는 것이 구조적으로 불가능합니다.

서평의 내일

이렇게 미비한 서평 인프라 속에서 서평의 평균 수준의 저하는 충분히 예측할 수 있습니다. 그럼에도 이것을 마냥 비관적으로 바라볼 필요는 없다고 생각합니다. 비록 서평의 질적 수준은 다소 떨어지지만, 서평의 수량이 증대하는 현상을 간과해서는 안 됩니다. 일단 양적으로 누적되어야 질적으로 향상될 수도 있을 테니까요. 더욱이 학인이 아니라 대중의 서평이 폭증하고 있다는 사실은 더욱 큰 의미가 있습니다. 마침내 모든 독자가 저자가 되는 현상이 도래했다고나 할까요.

벤야민은 파시즘적인 정치의 미학화를 비판하고, 사회주의적인 예술의 정치화를 이야기하는 「기술복제시대의 예술작품」에서 매체의 변화로 필자와 독자의 간격이 사라지는 현상을 거론했습니다. 벤야민이 주목한 것은 신문, 즉 대중 매체의 확산이었으며 그 시작은 독자 투고란이었습니다.

이로써 필자와 독자의 차이는 근본적으로 그 의미를 상실하게 되었다. 필자와 독자의 차이는 이제 다만 기능상의 차이가 되었고, 또 경우에 따라서는 이렇게도 될 수 있고, 저렇게도 될 수 있게 되었다. 독자는 언제든지 필자가 될 준비가 되어 있다.[56]

　여기에서 벤야민이 제시하는 현상은 일종의 혁명에 대한 전조입니다. 그러니까 모든 독자의 작가화 현상은 위계가 존재하는 계급 사회의 해체에 기여하는 한 과정인 셈이지요. 이 맥락에서 제 말로 풀어 이야기하자면, 이는 건강한 공론장의 활성화라고 할 수 있습니다. 저자와 독자 사이에 위계가 사라지고, 대등하게 의견을 주고받는 것은 다름 아닌 서평을 통해 온전히 실현됩니다. 서평의 증가는 곧 건강한 공론장의 확산으로 이어집니다. 그러면 우리가 좀 더 건강한 민주주의 사회에서 사는 데 보탬이 되겠지요.
　서평 쓰기는 단순한 개인적 도락을 넘어서서 강력한 정치적 행위로 이어집니다. 여러분이 좋은 책을 읽고, 멋진 서평을 쓰는 것은 우리 사회를 변혁시키는 교양 혁명의 첫걸음입니다. 민주주의 사회의 성원으로서, 국가를 이루는 시민의 일원으로서 수행해야 하는 필수적인 선택입니다. 더 많이 읽고, 더 많이 쓰시길 바랍니다. 우리의 서평이 차곡차곡 쌓이는 만큼 우리가 사는 사회도 건강해질 겁니다.

우리가 쓰는 오늘의 서평에 우리가 사는 사회의 내일이 달려 있습니다.

참고문헌

가라타니 고진, 김재희 옮김, 『은유로서의 건축』(한나래, 1998)

강대진, 『잔혹한 책읽기』(작은이야기, 2004)

강유원, 「연암이 졸지에 개그작가로 '열하일기' 장난해석에 씁쓸」,
　　　『문화일보』 2004년 3월 11일 자

＿＿＿, 『책』(야간비행, 2001)

＿＿＿, 『책과 세계』(살림, 2004)

강혁, 「[논단] 서평 : 칼 쇼르스케 저, 세기말의 비엔나 - 스티븐 툴민,
　　　앨런 재닉 저, 빈, 비트겐슈타인, 그 세기말의 풍경」, 『建築
　　　51권 7호』(대한건축학회, 2007)

고미숙, 『열하일기, 웃음과 역설의 유쾌한 시공간』(그린비, 2003)

고병권, 『화폐, 마법의 사중주』(그린비, 2005)

고재학, 『절벽사회』(21세기북스, 2013)

공석하, 『핵물리학자 이휘소』(뿌리, 1989)

금정연, 「어느 술주정뱅이의 독창적인 반노동 찬가」, 『아까운 책
　　　2013』(부키, 2013)

기시미 이치로·고가 후미타케, 전경아 옮김, 『미움받을 용기』
　　　(인플루엔셜, 2014)

김기현, 『공격적 책읽기』(SFC출판부, 2004)

＿＿＿, 『공감적 책읽기』(SFC출판부, 2007)

김석, 『에크리』(살림, 2007)

김진명, 『무궁화꽃이 피었습니다』(해냄, 1993)

김혜진·박상주, 「'지금 서평은 수준 미달' … 知的 지형도 그려내야」

([기획특집1 - 한국 서평의 현주소] '서평, 어떻게 하나'
　　의견조사), 『교수신문』 2008년 1월 29일 자
다니엘 키스, 김유경 옮김, 『앨저넌에게 꽃을』(동서문화사, 2006)
다치바나 다카시, 이연숙 옮김, 『나는 이런 책을 읽어 왔다』
　　(청어람미디어, 2001)
＿＿＿＿＿＿＿＿, 박성관 옮김, 『피가 되고 살이 되는 500권, 피도
　　살도 안되는 100권』(청어람미디어, 2008)
데이비드 브룩스, 형선호 옮김, 『보보스』(동방미디어, 2001)
＿＿＿＿＿＿＿＿, 김소희 옮김, 『보보스는 파라다이스에 산다』
　　(리더스북, 2008)
레이 몽크, 남기창 옮김, 『비트겐슈타인 평전』(필로소픽, 2012)
로버트 단턴, 주명철 옮김, 『책과 혁명』(알마, 2014)
롤랑 바르트, 박인기 옮김, 「저자의 죽음」, 『作家란 무엇인가』
　　(지식산업사, 1997)
루트비히 비트겐슈타인, 이영철 옮김, 『논리 - 철학 논고』(책세상,
　　2006)
＿＿＿＿＿＿＿＿＿＿, 이영철 옮김, 『철학적 탐구』(책세상, 2006)
모티머 애들러·찰스 밴 도렌, 독고앤 옮김, 『생각을 넓혀주는
　　독서법』(멘토, 2000)
발터 벤야민, 최성만 옮김, 『기술복제시대의 예술작품 / 사진의 작은
　　역사 외』(길, 2007)
백승욱, 「'제국'과 미국 헤게모니, 전지구화 - 세계체계 분석을 통한
　　『제국』 읽기」, 『경제와 사회 제60권』(한울, 2003)
＿＿＿＿, 「화폐, 마법의 사중주, 그 불협화음의 현재적 함의는?」,

『경제와 사회 통권 제69호』(한울, 2006)

복거일, 『벗어남으로서의 과학』(문학과지성사, 2007)

샐리 맥페이그, 정애성 옮김, 『은유 신학』(다산글방, 2001)

스티븐 프레스필드, 류가미 옮김, 『최고의 나를 꺼내라』(북북서, 2008)

아사다 아키라, 문아영 옮김, 『도주론』(민음사, 1999)

안성찬, 『이성과 감성의 평행선』(유로서적, 2004)

안토니오 네그리·마이클 하트, 윤수종 옮김, 『제국』(이학사, 2001)

알렉상드르 뒤마, 오증자 옮김, 『몬테크리스토 백작 1』(민음사, 2002)

앨런 소칼·장 브리크몽, 이희재 옮김, 『지적 사기』(한국경제신문, 2014)

앨런 재닉·스티븐 툴민, 석기용 옮김, 『비트겐슈타인과 세기말 빈』(필로소픽, 2013)

양자오, 문현선 옮김, 『꿈의 해석을 읽다』(유유, 2013)

_____, 류방승 옮김, 『종의 기원을 읽다』(유유, 2013)

에드워드 윌슨, 최재천·장대익 옮김, 『통섭』(사이언스북스, 2005)

요네하라 마리, 이언숙 옮김, 『대단한 책』(마음산책, 2007)

웬델 베리, 박경미 옮김, 『삶은 기적이다』(녹색평론사, 2006)

윌리엄 셰익스피어, 최종철 옮김, 『햄릿』(민음사, 2001)

이권우, 『죽도록 책만 읽는』(연암서가, 2009)

이사야 벌린, 강주헌 옮김, 『고슴도치와 여우』(애플북스, 2010)

이원석, "『자본』의 귀환", 『기획회의』381호(2014년 12월 5일자)

_____, 『거대한 사기극』(북바이북, 2013)

_____, 「죽임의 사회에서 상생의 사회로」, 『사회를 말하는 사회』
(북바이북, 2014)

_____, 「기독교 고전 읽기, 이 책으로 시작하라」, 『뉴스앤조이』
2015년 3월 24일 자

이정우, 『시간의 지도리에 서서』(산해, 2000)

_____, 「노마디즘과 꼬뮤니즘」, 『아카필로 8호』(산해, 2003)

_____, 『탐독』(아고라, 2006)

이종건, 「[이론과 비평] 세속적인 건축가를 위하여」, 『월간 건축문화
1999년 11월』(월간 건축문화사, 1999)

이현우, 『로쟈의 인문학 서재』(산책자, 2009)

_____, 『아주 사적인 독서』(웅진지식하우스, 2013)

_____, 「서평 쓰기는 품앗이다」, 『글쓰기의 힘』(북바이북, 2014)

임지현·김용우 엮음, 『대중독재』(책세상, 2004)

장정일, 『빌린 책 산 책 버린 책』(마티, 2010)

_____, 『장정일의 공부』(랜덤하우스코리아, 2006)

정정훈, 「화폐의 권력과 코뮨의 능력」, 『문화과학 45호』(문화과학사,
2006)

정혜윤, 『삶을 바꾸는 책 읽기』(민음사, 2012)

조정래, 『정글만리』(해냄, 2013)

조희연, 「박정희 시대의 강압과 동의」, 『역사비평 67호』(역사비평사,
2004)

지크문트 프로이트, 김인순 옮김, 『꿈의 해석』(열린책들, 2004)

최원, 『라캉 또는 알튀세르』(난장, 2016)

채사장, 『지적 대화를 위한 넓고 얕은 지식』(한빛비즈, 2014)

칼 뢰비트, 이상률 옮김, 『베버와 마르크스』(문예출판사, 1992)

칼 마르크스, 이승은 범죄, 『자본론 범죄』(생각의나무, 2004)

칼 쇼르스케, 김병화 옮김, 『세기말 빈』(글항아리, 2014)

키이쓰 E. 스타노비치, 신현정 옮김, 『심리학의 오해』(혜안, 2013)

표도르 도스토예프스키, 이대우 옮김, 『까라마조프 씨네 형제들』
　　(열린책들, 2009)

프리드리히 니체, 정동호 옮김, 『차라투스트라는 이렇게 말했다』
　　(책세상, 2000)

플라톤, 천병희 옮김, 『국가』(숲, 2013)

＿＿＿＿, 강철웅 옮김, 『향연』(이제이북스, 2014)

피에르 바야르, 김병욱 옮김, 『읽지 않은 책에 대해 말하는 법』
　　(여름언덕, 2008)

하워드 베커, 이성용·이철우 옮김, 『사회과학자의 글쓰기』(일신사,
　　2006)

한기호, 「들어가며 – 21세기 일본의 베스트셀러 여섯 유형」, 『취미는
　　독서』(사이토 미나코, 김성민 옮김)(한국출판마케팅연구소,
　　2006)

＿＿＿＿, 『한기호의 다독다독』(북바이북, 2013)

한나 아렌트, 김선욱 옮김, 『칸트 정치철학 강의』(푸른숲, 2002)

한스 게오르크 가다머, 이길우 외 옮김, 『진리와 방법』(문학동네,
　　2012)

헤르만 헤세, 임홍배 옮김, 『나르치스와 골드문트』(민음사, 2002)

＿＿＿＿＿＿＿, 안인희 옮김, 『우리가 사랑한 헤세, 헤세가 사랑한 책들』
　　(김영사, 2015)

히라노 게이치로, 김효순 옮김, 『책을 읽는 방법』(문학동네, 2008)

C. 라이트 밀즈, 강희경·이해찬 옮김, 『사회학적 상상력』(돌베개, 2004)

C. S. 루이스, 홍종락 옮김, 『당신의 벗 루이스』(홍성사, 2013)

Jeanne Whalen, 「취미가 독서시라구요? '슬로 리딩'을 아십니까?」, 『월스트리트저널 한국판』 2014년 9월 19일 자

Rudolf Karl Bultmann, *New Testament & Mythology*, selected, edited and translated by Schubert M. Ogden(Fortress Press, 1984)

주

1) 롤랑 바르트, 박인기 옮김, 「저자의 죽음」, 『作家란 무엇인가』
    (지식산업사, 1997), 142쪽.

2) 양자오, 류방승 옮김, 『종의 기원을 읽다』(유유, 2013), 18쪽.

3) 이현우, 『아주 사적인 독서』(웅진지식하우스, 2013), 130쪽.

4) 스티븐 프레스필드, 류가미 옮김, 『최고의 나를
    꺼내라』(북북서, 2008), 120쪽.

5) 정혜윤, 『삶을 바꾸는 책 읽기』(민음사, 2012), 5쪽.

6) 앞의 책, 17쪽.

7) Jeanne Whalen, 「취미가 독서시라구요? '슬로 리딩'을
    아십니까?」, 『월스트리트저널 한국판』 2014년 9월 19일 자.

8) 금정연, 『서서비행』(마티, 2012), 378쪽.

9) 강유원, 「연암이 졸지에 개그작가로 '열하일기' 장난해석에
    씁쓸」, 『문화일보』 2004년 3월 11일 자.

10) 웬델 베리 지음, 박경미 옮김, 「역자 해설」, 『삶은 기적이다』
    (2006), 222쪽.

11) 헤르만 헤세, 안인희 옮김, 「옮긴이의 글」, 『우리가 사랑한 헤세
    헤세가 사랑한 책들』(김영사, 2015), 9쪽.

12) 앞의 책, 79쪽.

13) 강유원, 앞의 글.

14) 이현우, 「서평 쓰기는 품앗이다」, 『글쓰기의 힘』(북바이북,
    2014), 125-126쪽.

15) 이정우, 『탐독』(아고라, 2006), 299쪽.

16) 김기현, 『공격적 책읽기』(SFC출판부, 2004), 10쪽.

17) 한나 아렌트, 김선욱 옮김, 『칸트 정치철학 강의』(푸른숲, 2002), 83쪽.

18) 양자오, 문현선 옮김, 『꿈의 해석을 읽다』(유유, 2013), 14쪽.

19) 앞의 책, 15쪽.

20) 앞의 책, 19쪽.

21) 모티머 애들러·찰스 밴 도렌, 독고앤 옮김, 『생각을 넓혀주는 독서법』(멘토, 2000), 153쪽.

22) Rudolf Karl Bultman, "Is Exegesis Without Presuppositions Possible?", *New Testament & Mythology*, selected, edited and translated by Schubert M. Ogden(Fortress Press, 1984), p. 145.

23) 다치바나 다카시, 이언숙 옮김, 『나는 이런 책을 읽어 왔다』(청어람미디어, 2001), 211쪽.

24) 앞의 책, 216-217쪽.

25) 이원석, 「『자본』의 귀환」, 『기획회의』 381호(2014년 12월), 29쪽.

26) 칼 쇼르스케, 김병화 옮김, 『세기말 빈』(글항아리, 2014), 276쪽.

27) 정정훈, 「[서평] 화폐의 권력과 코뮌의 능력 - 고병권, 『화폐, 마법의 사중주』(그린비, 2005)」, 『문화과학 45호』(문화과학사, 2006), 327쪽.

28) 앞의 글, 327쪽.

29) 백승욱, 「화폐, 마법의 사중주, 그 불협화음의 현재적 함의는?」,

『경제와사회』 통권 제69호(비판사회학회, 2006), 296 - 297쪽.

30) 강혁, 「[논단] 서평 : 칼 쇼르스케 저, 세기말의 비엔나 - 스티븐 툴민, 앨런 재닉 저, 빈, 비트겐슈타인, 그 세기말의 풍경」, 『建築』 51권 7호(대한건축학회, 2007), 88쪽.

31) 강혁, 「[논단] 서평 : 칼 쇼르스케 저, 세기말의 비엔나」, 88쪽.

32) 이종건, 「[이론과 비평] 세속적인 건축가를 위하여 - 가라타니 고진의 『은유로서의 건축』을 읽고」, 『월간 건축문화』 1999년 11월호(월간 건축문화사, 1999), 139쪽.

33) 아사다 아키라, 문아영 옮김, 「서평 - 『은유로서의 건축』(가라타니 고진)」, 『도주론』(민음사, 1999), 248쪽.

34) 이현우, 『아주 사적인 독서』(웅진지식하우스, 2013), 6쪽.

35) 앞의 책, 7 - 8쪽.

36) 한기호, 「들어가며 - 21세기 일본의 베스트셀러 여섯 유형」, 『취미는 독서』(한국출판마케팅연구소, 2006), 5 - 6쪽.

37) 알렉상드르 뒤마, 오증자 옮김, 『몬테크리스토 백작 1』(민음사, 2002), 284쪽.

38) 백승욱, 「'제국'과 미국 헤게모니, 전지구화 : 세계체계 분석을 통한 『제국』 읽기」, 『경제와 사회 60호』(한국산업사회학회, 2003).

39) 안성찬, 「대화적 실존 - 가다머Hans Georg Gadamer의 철학적 해석학」, 『이성과 감성의 평행선』(유로서적, 2004), 121쪽.

40) 한기호, 『다독다독』(북바이북, 2013), 97 - 98쪽.

41) 이사야 벌린, 강주헌 옮김, 『고슴도치와 여우』(애플북스, 2010), 21-22쪽.

42) 이원석, 『거대한 사기극-자기계발서 권하는 사회의 허와 실』 (북바이북, 2013), 17쪽.

43) 이원석, 「죽임의 사회에서 상생의 사회로」, 『사회를 말하는 사회』(북바이북, 2014), 174쪽.

44) 김석, 『에크리-라캉으로 이끄는 마법의 문자들』(살림, 2007), 26-27쪽.

45) 강유원, 『책과 세계』(살림, 2004), 5쪽.

46) 기시미 이치로·고가 후미타케, 전경아 옮김, 『미움받을 용기』 (인플루엔셜, 2014), 28쪽.

47) 이현우, 『로쟈의 인문학 서재』(산책자, 2009), 362쪽.

48) 이정우, 「노마디즘과 꼬뮤니즘」, 『아카필로 8호』(철학아카데미, 2003), 7쪽.

49) 이원석, 「기독교 고전 읽기, 이 책으로 시작하라」, 『뉴스앤조이』 2015년 3월 24일 자.

50) 금정연, 「어느 술주정뱅이의 독창적인 반노동 찬가」, 『아까운 책 2013』(부키, 2013), 20-21쪽.

51) 이현우, 「서평 쓰기는 품앗이다」, 『글쓰기의 힘』(북바이북, 2014), 132쪽.

52) 이권우, 『죽도록 책만 읽는』(연암서가, 2009), 72쪽.

53) 강유원, 『책』(야간비행, 2001), 64쪽.

54) 백승욱, 앞의 글, 298쪽.

55) 김혜진·박상주, 「'지금 서평은 수준 미달' … 知的 지형도

그려내야 - [기획특집1: 한국 서평의 현주소] '서평, 어떻게
하나' 의견조사」, 『교수신문』 2008년 1월 29일 자.

56) 벤야민은 『기술복제시대의 예술작품』의 (스스로는 원판으로
인정한) 2판(13절)과 (아도르노의 수정 요청을 반영한)
3판(10절)에서 동일하게 이를 언급하고 있다. 발터 벤야민,
최성만 옮김, 『발터 벤야민 선집 2』(길, 2007), 76 - 77쪽과
129쪽.

서평 쓰는 법
: 독서의 완성

2016년 12월 14일   초판 1쇄 발행
2023년 5월 24일   초판 11쇄 발행

지은이
이원석

펴낸이	**펴낸곳**	**등록**
조성웅	도서출판 유유	제406-2010-000032호(2010년 4월 2일)

주소
경기도 파주시 돌곶이길 180-38, 2층 (우편번호 10881)

전화	**팩스**	**홈페이지**	**전자우편**
031-946-6869	0303-3444-4645	uupress.co.kr	uupress@gmail.com

	페이스북	**트위터**	**인스타그램**
	facebook.com	twitter.com	instagram.com
	/uupress	/uu_press	/uupress

편집	**디자인**	**마케팅**
이경민	이기준	전민영

제작	**인쇄**	**제책**	**물류**
제이오	(주)민언프린텍	(주)정문바인텍	책과일터

ISBN 979-11-85152-57-8 04020
      979-11-85152-36-3 (세트)

궁궐 걷는 법

왕궁을 내 집 뜰처럼 누리게 하는
산책자의 가이드

이시우 지음

이시우 작가는 인스타그램에서
거의 매달 소수의 인원을 모아 함께
궁궐을 걷는 '궁궐을 걷는 시간'이라는
프로그램을 진행하고 있다. 이 행사를
진행하며 대부분의 관람객이 걷는
방향과는 다른 방향으로 발길을
돌리고, 일부러 잘 알려지지 않은
코스를 개척했다. 『궁궐 걷는 법』은
이처럼 작가가 다양한 궁궐의 표정과
언어와 마주치는 기쁨을 선사하는
새로운 산책길을 발견하고 소개하는
책이다. 각 꼭지에 있는 QR코드를
인식하면 블로그가 연결되어 작가가
직접 찍은 사계절의 궁궐과 자연
사진을 볼 수 있어 정말 산책하는
것처럼 책을 즐길 수 있다.

땅콩
문고

만화 그리는 법

당신도 만화가가 될 수 있다!

소복이 지음

'어쩌다가' 만화가가 되어 만화와
그림을 쓰고 그리는 소복이의
첫 에세이. 15년째 만화 그리는 게
세상에서 가장 재미있다는 이
만화가에게 사람들은 묻는다.
"만화는 어떻게 그리면 되나요?"
이 책은 이 질문에 대한 대답이자
평생 만화가를 꿈꿔 본 적 없는
사람이 어떻게 만화에 매료되어
영원히 만화를 그리며 살고
싶어졌는지에 대한 이야기다.
주인공은 어떻게 만들고, 이야기는
어떻게 지을까? 만화가의 색깔이란
무엇이며, 만화가로 먹고사는 삶은
어떨까? 누구나 시작할 수 있고,
시작해 보면 정말 재밌는 일이라며
독자이기만 했던 우리를 만화의
세계로 초대한다.

카피 쓰는 법
쉽고 짧게, 잘 쓰는 기본기를 다지기 위하여
이유미 지음

다양한 기업이 먼저 찾는
카피라이터이자 '팔지 않아도 사게
만드는' 글쓰기 강의와 『문장 수집
생활』 등의 저서로 많은 독자의 사랑을
받은 작가 이유미의 카피 쓰기 입문서.
빛나는 한 문장을 길어 내는 단단한
일상을 가꾸기 위해, 원하는 방향으로
사람들을 데려가는 단 한 문장을
찾아내는 집요한 태도를 갖추기 위해
그간 저자가 터득한 노하우를 모두
담았다. 현장에서의 다채로운 경험을
바탕으로 독자가 문장을 쉽고 짧게,
잘 쓰는 기본기를 다지도록 돕는다.

일기 쓰는 법
매일 쓰는 사람으로 성찰하고
성장하기 위하여
조경국 지음

저자 조경국 작가는 2006년부터
현재까지 약 15년간 일기를 쓰고
있다. 다양한 책을 꾸준히 펴내 온
저자도 일기를 매일 쓰기는 쉽지
않았다. 습관이 된 후에도 어떻게
하면 일기를 더 잘 쓸 수 있을지
궁리해 왔다. 이 책에서 그는 어떻게
매일 쓰는 한결같은 마음가짐을
새기게 되었는지부터 일기는 어떤
내용으로 채워야 하는지, 또 일기를
쓸 때 어떤 도구를 쓰면 좋은지 등
일기를 쓰며 배운 점들을 차근차근
풀어놓는다. 일기를 꾸준히 쓰겠다고
마음먹었지만 매번 실패했던
사람들에게 용기를 주고, 이제
시작하는 사람에게는 시행착오를 줄일
방법을 알려 주는 책이다. 일기를 쓰면
인생까지는 몰라도 일상은 매일 조금씩
달라지지 않을까.

편지 쓰는 법
손으로 마음을 전하는 일에 관하여
문주희 지음

문자 메시지와 메신저, 이메일이
편지의 자리를 대신하고 있다고는
하나, 전하기 어려운 진심을
전할 때, 말로는 충분히 전할 수 없을
고마움이나 미안함이 생겼을 때
우리는 여전히 편지를 찾는다.
어려워도, 그 어려운 마음까지
고스란히 전달하는 '가장 자신다운
매개물'이 편지임을 알기 때문이다.
편지를 쓰고 주고받는 일이 거의
사라진 시대에 서울 한복판에 편지
가게를 연 사람이 있다. 이 책은 바로
이 편지 가게를 운영하는 사람의
이야기로, 편지 가게에서 만난 수많은
편지와 편지 쓰는 사람 들에 관한
이야기를 담고 있다.

장애인과 함께 사는 법
다양한 몸 사이의 경계를 허물기 위하여
백정연 지음

과거에 비해 많은 이들이 장애인권의
중요성을 알게 되었고 장애감수성의
필요를 이야기하지만 각각의
장애인이 어떤 일상을 보내는지
아는 사람은 많지 않다. 하지만 함께
사는 데 중요한 것은 무엇보다 서로의
일상을 아는 것. 그래서 이 책은
인권과 감수성보다 장애인의 일상에
주목한다. 가장 많은 시간을 보내는
집과 동네에서 장애인 가족에게
필요한 것은 무엇이며 장애인 친구와
여행을 가거나 식사 약속을 잡으며
한번쯤 고려해야 할 것이 무엇인지.
직장에서 장애인 동료와 함께
일하며 가져야 할 태도나 준비해야
할 것, 이용할 수 있는 서비스는
어떤 것이 있는지. 알기만 해도 의미
있을 일을 담담히 보여 주며 멀게만
느껴졌던 장애인의 삶을 성큼 가까이
가져온다. 장애인을 이해하고 장애를
공부하는 데 가장 좋은 디딤돌이 될
책이다.

피아노 시작하는 법
새로운 나를 발견하는 기쁨
임정연 지음

저자 임정연 피아니스트는 왕성한
연주회 활동을 하면서 피아노
전공생과 취미생을 10년 넘게
가르치고 있다. 2021년부터는
유튜브에서 '연피아노'(yeonpiano)를
운영하며 좀 더 많은 사람들이 즐겁게
피아노를 치도록 자신만의 노하우를
전하고 있다. 『피아노 시작하는 법』은
이러한 저자의 오랜 교육 활동의
핵심을 담은 책이다. 난이도별로
나눈 추천곡 목록을 제시하거나,
QR코드로 유튜브 영상을 보며 손이
작은 사람은 어떻게 피아노를 쳐야
하는지, 팔이 아플 때는 어떻게 해야
하는지, 페달은 어떻게 활용해야
하는지 등에 관해 직접 레슨을
받을 수 있도록 실용적으로 구성했다.